# GÜNTER  BAUM

# MADELEINE  WEISHAUPT

*Ein Sylter Tagebuch*

Herstellung und Verlag: Books on Demand GmbH, Norderstedt
ISBN 3-8334-3597-6

Bei jeder Zusammenkunft im Verband deutscher Schriftsteller fragte ich sie, wie es ihr geht – wohlwissend wie zerbrechlich und sensibel diese junge Frau war – und stets kam die mit einem Lachen begleitete Antwort, es ginge ihr gut – obwohl ihre Augen oft etwas anderes sagen wollten.

Einsame Menschen überspielen gern; wollen ihren Zustand nicht bekennen.

Mußte wohl auch so gewesen sein – bei dieser Uschi Kerstan.

Eine Lesereise in die Ukraine hatte uns etwas näher gebracht; aber doch nicht so nah, um alle Reaktionen des anderen einschätzen zu können.

Die, welche die Ereignisse des 11. September 2001 bei ihr auslösten, auf gar keinen Fall.

Allein vor dem Fernsehgerät erlebte sie den eingebildeten Zustand der absoluten Sicherheit in plötzlicher Auflösung und schied aus dem Leben, das ihr nun nicht mehr lebenswert schien.

Viele Literaten vor ihr taten es ohne Anlaß eines 11. September, aber in allen Fällen war die Sinnlosigkeit eine Erkenntnis.

Während mich nun Zweifel plagen, ob alle Erkenntnisse, die uns sehr plötzlich serviert werden, auch echt sind, versuche ich zu fliehen, für einige Zeit etwas hinter mir zu lassen, was ich letztendlich aber werde nicht abschütteln können.

Denn nach einem Monat Sylt wird alles wieder wie vorher sein. Oder nicht ?


Den Gedankengängen führender Politiker kann ich zur Zeit nicht folgen – zumindest dort nicht, wo es um Aussagen zum Islam geht.

Bei ihren Darlegungen kann ich mir nicht vorstellen, daß sie den Koran gelesen haben. Sie sollten es tun. Ich tat es.

Er hat keine Aussagekraft, wenn immer nur bestimmte Passagen herausgezogen werden.

Auf der anderen Seite ist in den USA aus dem Stolz der Pionierzeit Überheblichkeit geworden mit dem Tenor: „ Wir – und der Rest der Welt ! „

Nun, ich genieße den Vorteil, kein Politiker zu sein, kann mich also rücksichtslos jeder Nachrederei enthalten.

Natürlich sind ungeteilte Gedanken eine Bürde, und ich bin mit dieser Last nach Sylt gekommen – auch in der Hoffnung, daß die besseren Luftbedingungen Waltraud hilfreich sein werden.

Aber auch auf Sylt sind die Medien allgegenwärtig, so daß eine totale Isolation gar nicht möglich ist.

Wie aber kann man Gedanken ohne den nötigen Austausch zu einem Resultat führen ?

Ich bleibe – und nur so geht es – meine eigene Welt, und in der habe i c h recht.

Kommt mir auch sehr entgegen, denn Herden-Mentalität war mir schon immer ein Greuel.

Nein – Sylt wird für mich nicht die Abwesenheit von der Welt; eher das Eintauchen in eine kleinere.

Dabei stelle ich fest – ähnlich wie schon in der Dichterwohnung Soltau – daß viele der unentbehrlichen Dinge hier plötzlich entbehrlich sind.

Hinderliche Abhängigkeiten.

Eigentlich hatten wir hier an der See ein rauhes Herbstwetter erwartet, stattdessen anhaltender Frühling, auf den wir mit unserer Kleidung gar nicht eingestellt sind.

Das gewohnte „ Grüß Gott „ habe ich schnell abgelegt und grüße hier auch den ganzen Tag mit „ Moin, Moin „.

Anpassung. Möglichst nicht auffallen.

Mein Tremor hat sich verstärkt, so daß meine Handschrift problematisch wird.

Ich selbst kann sie noch lesen. Das reicht.

Vom Festland ist Besuch für Waltraud gekommen, und ich bin froh, daß die allgemeine Weltlage nicht erwähnt wird, denn ich wäre mit meiner Meinung doch nur auf Unverständnis gestoßen.

Die Medien haben bereits dafür gesorgt, daß es nur eine Meinung geben kann, und Nachredner lassen sich nicht umstimmen – überzeugen schon gar nicht.

Es bleibt also bei einem Geplätscher von Belanglosigkeiten, bei denen die Vergangenheit immer wieder auflebt, so als gäbe es die Gegenwart gar nicht.

Eine Art Selbstbefriedigung.

Und man investiert in Erinnerung – der kleine Leuchtturm für die Wohnstube und der große für den Garten.


Heute haben wir mit dem Bus die Insel erkundet- von List bis Hörnum.

Malerische Häuser in welliger Dünenlandschaft von dem das Meer die Südspitze zurück haben möchte. Es droht und nagt ständig.

Sich dagegen zu wehren ist mühsam, denn es kostet Geld und das fließt jetzt in die innere Sicherheit und eben nicht in diese unbedeutende äußere.

Ich ertappe mich bei Wortspielen, die vielleicht so nicht angebracht sind und will doch nur sagen, daß irgendwelche Gruppen sich immer benachteiligt fühlen werden. Auch auf einer Insel.

Aber die geldlichen Einschnitte beginnen ja erst jetzt – jetzt, wo wir Krieg haben.

Bush nennt es einen langen Feldzug; und alle zahlen mit Begeisterung in eine Kriegskasse Summen, die vorher für Notlagen auf dieser Welt nicht aufzubringen waren.

Krieg soll Frieden erzwingen.

Das hat in der Geschichte der Menschheit noch nie geklappt. Also haben wir auch nicht gelernt.

Die Zauberformel hieße vielleicht: Entwicklungen dieser Welt besser einschätzen. Eine bessere Diagnose.

Es genügt eben nicht, sich gegenseitig auszustechen, wer nun letztendlich Wirtschaft und Technik besser beherrscht, wer Marktführer ist, und wer nur hinterher hechelt.

Zumindest nicht, wenn Globalisierung so verstanden wird, daß der Kapitalismus auch im entlegendsten Winkel dieser Erde durchgesetzt werden soll.

Ein Mensch, der ein Leben lang glücklich war barfuß zu laufen, braucht keine Schuhe; sie würden ihn nur krank machen.


Seit wir die Seefahrt zu den Robben auf den Sandbänken unternommen haben, ist das Wetter umgeschlagen.

Es ist kälter und windiger – so wie man es zu dieser Jahreszeit eigentlich erwartet.

Als wir von den Sandbänken abdrehten, kam es mir in den Sinn, daß ja nur wenige Seemeilen entfernt einmal unsere Asche in die See gesenkt werden würde. Umweltfreundliche Entsorgung bei Hegoland.

Aber bis dahin müssen wir noch die Herausforderungen dieses Lebens annehmen.


Bei dem Versuch, den Schalter einer Tischlampe zu reparieren, war mir mein Tremor nicht sehr hilfreich.

Aber es wäre trotzdem nicht gegangen, denn die Kontakte waren gelötet und nicht geschraubt. Wir brachten sie zum Fachmann.

Die Straßen sind noch naß vom nächtlichen Regen, aber es steht schon wieder die Sonne drauf, und die Luft ist mild.

Eigentlich bereiten sich die Insulaner zu dieser Zeit schon auf die Winterruhe vor, doch die Friedrichstraße in Westerland ist noch immer voller Leute, und es wird gekauft und gekauft.

Sicher werden viele der Käufer zu Haus feststellen, daß sie viele der Dinge gar nicht brauchen, aber jeder Hinweis auf die Insel ist erst einmal verlockend.


Ganz ohne Zeitung und Fernsehen geht es auch hier nicht.

Lese, daß im Schatten der Milzbrandfälle nur so zum Jux Brausepulver in Briefen verschickt wird. Sehe im Fernsehen, daß ein Helicopter einen Rollschuhfahrer an einem Seil hinter sich herzieht und bin von dieser Spaßgesellschaft schockiert.

Überdruß und Langeweile schaffen Grenzenlosigkeit.

Aber die Luft ist klar, und ich sehe vom Balkon den Leuchtturm von Kampen.

Versöhnung mit mir – aber nicht mit der Welt.


Bei auflaufendem Wasser am Strand zu laufen ist die beste Möglichkeit, Gedanken eine andere Richtung zu geben.

Zwiesprache mit dem, was ist und immer sein wird. Robinson Gedanken mitten in der Zivilisation.

Würde sich etwas ändern, täte ich es jeden Tag ?

Meine körperliche Gesundheit könnte ich verbessern, und dann wäre der Beweis anzutreten, ob Schopenhauer recht hatte, daß nur in einem gesunden Körper auch ein gesunder Geist wohne.

Zu dieser These, denke ich, hat Hawkin ja eigentlich schon die Antithese geboten.

Aber auch das best funktionierende Gehirn kann Unheil anrichten. Oder nur dieses ?

Ich genieße es jedenfalls, Waltraud gut durchatmen zu sehen, wenn wir in Wassernähe – oft Hand in Hand – den Blick über die Wellen gleiten lassen und die Bojen zählen, deren Zahl sich verringert, wenn der Horizont in Dunst getaucht ist.

Sie hat sich einen Hut gekauft – und trägt ihn auch, um sich bei diesem starken Wind nicht ständig die Haare kämmen zu müssen.

Da sie bisher nie eine Kopfbedeckung trug, ist das ein ungeheures Zugeständnis. Aber auch mein Kopf schmückt neuerdings eine Mütze aus Westerland. Denn seit ich meine Haare kurz schneide, spüre ich den Wind auch stärker, der mir ständig Tränen in die Augen treibt.


Bis hierher die ersten Skizzen beim ersten Aufenthalt.

Gas-Alarm im Tunnel !

Klingt schaurig. Und doch war dies der Grund, warum wir diesmal erst mit großer Verspätung auf Sylt ankamen.

Man hatte den ICE umgeleitet und Waltraud damit ganz schön gequält.

Aber Sylt hat uns wieder – trotz frühlingshafter Temperatur und einer ruhigen See, die dem Geplätscher des Nürnberger Dutzendteichs ähnelt, wenn er durch Ruderboote bewegt wird.

Eigentlich wollten wir es (wie immer) im Oktober etwas rauher haben.

Scheint aber langsam ein ernstes Thema zu werden, ob wir tatsächlich selbst das Klima durcheinander gebracht haben.

Die Wissenschaftler streiten, und wir können uns aussuchen, auf welche Seite wir uns schlagen.

Natürlich haben wir in den Medien das augenblickliche Robbensterben verfolgt, und ich ertappe mich dabei, mit den Augen den Strand abzusuchen, ob nicht doch ein klumpiger Fleck als Kadaver auszumachen sei. Bisher nichts.

Was die Touristen begeistert, wenn sie zu den Seehundbänken geschippert werden, macht die Fischer ärgerlich.

Denn immerhin verschlingen diese possierlichen Kerlchen einen beachtlichen Teil von dem, was jene gern in ihren Netzen hätten.

Eine ungleiche Interessengemeinschaft, die der Mensch meist für sich entscheidet.

Auch ein (fast) Paradies hat seine Probleme.


Heute früh war der Nebel so dicht, daß wir glaubten, allein auf dieser Insel zu sein, denn er nahm nicht nur jede Sicht sondern dämpfte auch alle Geräusche ganz wesentlich.

Und es gab keinen Wind, der ihn hätte auflösen können. Die Sonne schaffte es später.

Ich bin ein Feigling.

Mit dieser Erkenntnis lerne ich mich ganz neu kennen.

Seit Tagen plagt mich ein ziehender Schmerz die Wange aufwärts bis zum Auge.

Der Stolz auf meine unversehrten Zähne läßt es einfach nicht zu, mir einzugestehen, es könnten ja dieselben sein, die mich plagten.

Eine Aspirin half erst einmal das Problem zu verdrängen und mich auch als Feigling wieder wohl zu fühlen. Erst einmal.


Ein Angler stand bis zu den Knien im auflaufenden Wasser und warf immer wieder eine Leine mit einem Köder – warf und wechselte – breitbeinig um nicht umgeworfen zu werden.

Er stand auf einem der schon zur Hälfte überspülten Dämme, und ich konnte nicht erkennen, wo er denn einen Fang hintat, wenn er etwas fing.

Was auch konnte da auf diese Art geangelt werden ?

Um ihn selbst zu fragen, stand er zu weit entfernt; wollte mich aber trotzdem erkundigen.

Eine Weile beobachtete ich ihn noch, wie er, gerade noch im Seenebel zu erkennen, immer wieder seine Leine warf.


Als der Wind von See her kam, kostete es mich große Mühe, mich von der Friedrichstraße in eine der Seitenstraßen zu stemmen.

Dabei sollte man den Mund geschlossen halten, doch ich rief Waltraud etwas zu, und da passierte es.

Die Luft erreichte genau den Zahn, der nicht gestört werden wollte. Es war mit einem elektrischen Schlag vergleichbar, und – irgendwie schicksalhaft – der Zahnarzt befand sich genau auf der anderen Straßenseite.

Nun – Feigling hin Feigling her – nie mehr den Mund öffnen während meines Sylt Aufenthalts schien mir dann doch eine Zumutung.

Die Vorzimmer Dame erkannte meinen Ernstfall, gab mir ein Formular, auf dem ich verneinte, regelmäßig Medikamente zu nehmen oder schwanger zu sein.

Dann saß ich auf dem Stuhl und kurz darauf in liegender Haltung unter der Lampe, an der ich ängstlich vorbeischaute.

Der Arzt klopfte ab, und wieder bekam ich diese elektrischen Schläge.

Der Klopfer grinste verständnisvoll und meinte, daß dieser Stromerzeuger eine Ruine sei.

Was er mir raten würde, wollte ich wissen. Nein, er könnte nichts raten, denn es wären schließlich meine Zähne und nicht seine.

Ich, der Feigling, entschied nun, diese Ruine nicht nach Haus zu tragen sondern auf Sylt zu lassen und verlangte den Abriß.

Richtig gerechnet hatte der Arzt nicht damit, aber nachdem zwei Spritzen ihre Wirkung taten, begann die Helferin meinen Speichel abzusaugen.

Ich sollte mich gefälligst nicht wundern, wurde ich informiert, wenn das Brechen des Zahnes bis ins Gehirn zu spüren wäre. Das sei normal.

Ich spürte es tatsächlich, und ich hörte es sogar.

Dann durfte ich von zwei braunen, verwitterten Zahnteilen, die auf einem Tablett lagen, optischen Abschied nehmen.

Ich tat es etwas erstaunt. Erstaunt darüber, daß so etwas einmal zu mir gehört haben soll.

Ach ja – Redeverbot bekam ich auch noch. Sollte die Zähne zusammenbeißen, damit der Wundstiller dort bleibt, wo er für die nächsten Stunden hingehört.

Es wurde einer der schweigsamsten Tage auf Sylt.


In der Zeit der Schweigsamkeit machte ich einige Wortspiele. Etwa so:

Wind macht Wellen,

Wellen bewegen den Sand,

Sand schafft Bänke –

Bänke aus Sand.


Flut holt sich Land,

Land braucht den Deich,

Deich stoppt das Wasser –

Wasser zum Land.


Lange aber hält keine Schweigsamkeit. Wir gingen in ein Cafe.

Bisher hatte ein Cafe keinen besonderen Reiz für mich, denn ich fand sie alle gleich.

Es geschah mehr, um Waltraud einen Gefallen zu tun, denn für sie war Kaffee und Kuchen ein besonderer Genuß.

So war es auch heute – gewissermaßen als Abschluß einer Promenaden Wanderung.

Das Cafe war mir nicht unbekannt. Nur hatte ich vorher stets auf anderen Stühlen gesessen. Der heutige Platz aber gab mir erstmals freie Sicht auf die Rückwand des Lokals.

Dort hatte man die Riesenvergrößerung einer alten Plattenaufnahme von 1912 angebracht. Sie füllte die ganze Wand aus und zeigte das Promenadenleben dieser Zeit.

Ich rührte den Kaffee ohne auf die Tasse zu schauen, weil mich das Bild nicht mehr losließ.

Ich tauchte in eine Zeit, in der ich noch nicht auf der Welt war. Und auch den Hindenburg Damm gab es noch nicht.

Besonders auffällig war die Kleidung – durch sie erahnt man überhaupt erst die

Zeit.

Man vermißt ein Konsumangebot – also Reklame. Dagegen schafft eine Girlande einen Hauch von Feierlichkeit.

Die breiten und kunstvoll verzierten Hüte der Damen waren nur für niedrige Windstärken geeignet, und das Abhören eines Wetterberichts im Radio vor dem Aufsetzen war wohl Pflicht.

Sportlich betonte Männer trugen helle Hose und dunkles Jacket, konservative trugen alles dunkel.

Nur wenige Frauen und Mädchen trauten sich ohne Begleitung zu wandeln; doch der Begleiter eines Mannes war meist der Stock.

Knöchern – fast militärisch.

Ein Mann, der aus der Rolle fiel, dessen Kleidung nicht so recht zusammenpassen wollte, und der wegen seiner Leibesfülle nur den obersten Knopf seiner Jacke zubekam, war die Ausnahme. Vielleicht hatte er nur ein gutgehendes Zigarren-Geschäft und wollte mit seiner Anwesenheit unbedingt demonstrieren, daß er dazugehörte – zu dieser Gesellschaft.

Gruppenbildung und beschauliches Laufen. Man hatte es noch nicht so eilig.

Aber was fesselte mich an diesem Bild ?

Eigentlich die Frage, ob diese Menschen, trügen sie die Kleidung von heute, sich auch anders bewegen würden.

Ich bemühte meine Vorstellungskraft und stellte fest: Ja – alles schien lockerer und nicht mehr so steif.

Mein Kaffee allerdings war inzwischen kalt geworden.


Beim Durchwühlen alter Postkarten auf dem Trödelmarkt in Westerland fand ich die gleiche Aufnahme der Cafe-Rückwand. Sie konnte im Postkartenformat aber längst nicht die Wirkung erzielen.

Diesmal entschlossen wir uns zu einer Mittagsfahrt von List an Römö vorbei.

Der Kapitän hatte keine guten Wettermeldungen für die nächsten Tage und ermunterte uns, eben diese Fahrt noch einmal zu genießen.

Und bei glatter See war das Genießen zwischen Ellenbogen und dem dänischen Römö kein Problem.

Zeit auch für eine gute Mahlzeit und eine belanglose Plauderei mit anderen Gästen am Tisch. Nichts Aktuelles, nicht Politik – nur freundliche Belanglosigkeiten.

Es galt eigentlich nur die Zeit zu überbrücken bis zur Freigabe des zollfreien Einkaufs im Unterdeck.

Zweifel erst bei unseren Tischnachbarn, ob es denn wirklich preiswerter sei. Schließlich aber hatten auch sie beim Ausstieg volle Einkaufstaschen am Arm.

In den nächsten Tagen bekamen wir dann das Wetter, mit dem wir eigentlich von Anfang an gerechnet hatten.

Durch das große Fenster mit dem vorgelagerten Balkon sehe ich in Richtung Watt und Festland.

Sehr dunkle Wolken locken mich nicht unbedingt außer Haus. Lese Kishon und merke bald, daß meine Gedanken zu den aktuellen Nachrichten abgleiten.

Irak-Krieg droht und jeder, der sich nicht bedingungslos einer Bush-Meinung anschließt, ist ein Pazifist – womit dieser Begriff zum Schimpfwort wird.

Nicht gerade verwunderlich, denn der größte Teil derer, die den Zweiten Weltkrieg noch miterlebt hatten, ist bereits verstorben oder zu schwach die Stimme zu erheben.

Ich erinnere mich: Als ich 1999 zum zweiten Mal in der Künstlerwohnung in Soltau weilte, um mein Büchlein „Die vier Wochen des Mondes" vorzustellen, kam Egon Bahr ins Forum der Waldmühle und beteuerte mit großer Betonung, daß er kein Pazifist sei.

Damals glaubte ich, es gehöre viel Mut dazu, als Politiker ein solches Bekenntnis in der Öffentlichkeit abzulegen.

Heute weiß ich, daß ein Pazifist immer die beste Angriffsfläche bietet.

Aber wie steht es in meinem „Schmetterling auf dem Gletscher" ?

Der Frieden ist für den Krieg immer nur ein Pausenzeichen.


Schlechtwettergedanken auf Sylt.


Die Wochenend-Inselbesucher sind die Spielverderber.

Das Spiel heißt doch „Inselruhe". Ja, es ist ein Spiel – kein Gesetz.

Die Kurzausflügler glauben nun, nur mit großen Mengen Alkohol die Salzluft unschädlich machen zu müssen.

Nächtens vor die Tür gesetzt aber verursacht gerade diese Luft lautstarke Brüll-Arien, bei denen ich dann stets bedauere, daß die alten Zeiten vorbei sind, in denen ein gefüllter Nachttopf griffbereit war.

Ja gut, man wäre da auch aus dem Schlaf gerissen worden, aber nach einer deftigen Genugtuung hätte man wieder leichter in den Schlaf zurückgefunden.

Das harte Rollen vieler Koffer zum Bahnhof leitet dann wieder ein paar ruhigere Tage ein.


Erst müssen sie sich überzeugen, was denn der Mensch von seinem Fressen übrig hat, bevor sie wieder den Wellen entgegenfliegen und nach ihrer natürlichen Nahrung Ausschau halten – die Möwen.

Das Rauschen der Wellen und das Quietschen dieser schnellen Windgleiter sind Geräusche, die man nach einiger Zeit auch im Schlaf noch hört.

Mir fällt dazu ein kurzer Spruch von mir ein.

Als die Sonne ins Meer fiel,

verstummten die Möwen,

der Sand verlor seine Helligkeit,

und der Wind irrte ins Zwielicht.


Wohl die kürzeste Beschreibung eines Sonnenuntergangs.


Schiffe, die nach Esbjerg unterwegs waren, konnten am Horizont leicht ausgemacht werden. Ihre Geschwindigkeit zu schätzen war schon schwieriger, ebenso wie mit bloßem Auge die Nationalität zu erkennen.

Aber ich mußte die Augen sowieso zusammenkneifen, da der Wind meist von See kam; und diese Art der Betrachtung immer zu Lasten der Deutlichkeit ging.

Früher waren Seeräuber auf große Entfernung sicher auch nicht gleich als solche zu erkennen gewesen.

Seeräuber !

Geschichten, die man in vermeintlicher Sicherheit las und sicher auch noch liest.

Die eigene Sicherheit läßt Bewunderung wachsen – Bewunderung auch für Gewalt. Erst wenn wir sie selbst erfahren, wechseln wir auch die Meinung.

Aber keines der Schiffe, die nach Esbjerg fuhren, hatte die Totenkopf-Flagge oder eine Mannschaft, die mit Enterhaken an der Reling stand.

Romantik, Vergangenheit. Nachtrauern ? Nein.

Die Gefahr für uns heute sind „Seelenverkäufer", die vollgepumpt mit Öl an uns vorüberziehen.

Auf der Suche nach Romantik muß man eben immer noch die Vergangenheit bemühen. –

Waltraud hat keine Lust auf Störtebecker Geschichten, und so richten sich unsere Blicke wieder landeinwärts, und wir überlegen, welches Abendbrot uns Freude bereiten könnte.

Die letzte Mahlzeit des Tages wird bei uns nicht einfach nur gegessen – sie wird zelebriert.

Das wiederum liegt daran, daß wir – ganz im Gegensatz zum Mittagessen – uns am Abend verschiedene, also voneinander getrennte Dinge aussuchen, mit denen wir uns dann aber auch gegenseitig Appetit machen.


Doch – ich gebe zu, daß jedesmal, wenn der Blick am Strand nach Südwest abgleitet, ich an meine eigene Endstation denken muß.

Aber auf der Insel an keinem bestimmten Thema zu arbeiten, die Gedanken einfach treiben zu lassen, das – ja, das könnte eine Erklärung für das Abdriften sein. - -


Zivilisationskranke erkenne ich hier am Strand an ihrem Tempo.

Sie können nicht schlendern. Sie hasten die Promenade rauf und runter, haben irgendein kleines oder größeres Wehwehchen und müssen bald wieder in ihre Arbeitsstellungen zurückkehren.

Die See soll es richten. Möglichst schnell.

Und so glauben sie mit ihren hastigen Bewegungen auch die Zeit beeinflussen zu können.

Sie haben eigentlich nur ihren Körper hierher geschickt. Das Gehirn mit all seinen Gedanken nimmt bei ihnen noch am Arbeitsprozeß zu Haus teil.

Aber die Abstände, hier etwas zu bewirken, werden immer kürzer und die Hast immer größer.


Auf einer Insel zu sein, das wird mir eigentlich nur bewußt, wenn ich im Norden am Ellenbogen oder im Süden an der ständig wegbrechenden Sandzunge von Hörnum Odde stehe.

Ich meine, dort ist es am augenscheinlichsten.

An allen anderen Abschnitten weiß ich nur, daß ich an einer Küste oder an einem Strand stehe.

Und da ja Sylt eine stark besuchte Insel ist, kann weder Einsamkeit noch Menschenflucht der Beweggrund sein, hier für einige Zeit zu leben.

Nein, nein – es ist die Gesundheit – oder eben die fehlende Gesundheit, die in den meisten Fällen einen Aufenthalt hier erklärt.


Waltraud kann an Pflaumenkuchen nicht vorübergehen.

Sie läßt sich – immer bei dem gleichen Bäcker – ein oder zwei Stücke zurücklegen, aus Angst, der Kuchen könnte nach einem Strandspaziergang bereits verkauft sein.

Zu einem Stück Quarkkuchen laß ich mich dann auch überreden, und so wird an solchen Tagen der Kaffee im Quartier getrunken; was bei mir allerdings Grünen Tee bedeutet.

Danach breitet sich dann immer eine solche Zufriedenheit aus, daß wir nur in zwingenden Ausnahmefällen noch einmal das Haus verlassen.

Sylt bei Nacht erleben wir also nur, wenn Besuch kommt. Reicht auch.

Denn ein Bier, um besser schlafen zu können, trinke ich lieber in der Nähe meines Bettes, und Waltraud möchte am Abend ohnehin ihre Füße hoch legen.


Ein winzig kleiner Stein
Ist doch ein Sandkorn bloß,
Und davon gibt es viele,
Ich buddel meine Füße ein,
Bis ich sie alle fühle.


Sitzen könnt ich lange so,
So wohlig und zufrieden,

Würd´nicht genau am Po

Ein größeres der Steinchen pieken.


Ich geh nie mehr ohne Kissen aus

Weder am Strand noch auf der Promenade,

Das sieht zwar etwas lustig aus,

Doch bin ich froh, daß ich es habe.


Natürlich gibt es Phobien für alle möglichen Formen des Eingesperrtseins. Enge Räume, Fahrstühle oder zu voll besetzte Transportmittel.

Neu war für mich, was ich hier von einer Insulanerin erfuhr. Sie, die schon ewig hier lebte, erinnerte sich, schon einmal einen „Inselkoller" bekommen zu haben.

Soll passiert sein, als die Insel für längere Zeit vom Festland abgeschnitten gewesen war. Kein Schiff, keine Bahn.

Robinson hätte so einen Inselkoller bekommen müssen – allein und ohne Aussicht auf eine Befreiung.

Aber hier ? Hier ist man doch auch im abgeschnittenen Zustand nicht allein, und so eine Quarantäne bleibt immer absehbar.

Nun gebe ich ja zu, daß meine Ansicht nur die Ansicht eines Festländers sein kann; und der bekommt höchstens einen Koller, wenn er nicht in den Urlaub fahren kann oder darf.

Und was heißt überhaupt Koller ?

Definiert wird dieser Begriff als Wutausbruch und im Adjektiv als mürrisch und erregbar.

So gesehen müßten wir bei der augenblicklichen Kriegsgefahr und der schlechten wirtschaftlichen Lage eigentlich alle einen Koller haben. Nur fällt das vielleicht nicht so auf, weil es ein kollektiver Koller ist.

Die Insulanerin war eben ganz einfach nur aus dem Kollektiv herausgefallen.

Bücher sind zu schwer, um sie nach Sylt mitzunehmen.

Aber im Quartier steht Kishon im Regal. Für mich die leichte Urlaubskost.


Letzter Abend. Heimfahrt. Letzte Gedanken aus dem Zugabteil.

Da, wo die Windräder steh´n

- gleich hinter Sylt auf festem Land,

bin ich stets am überlegen,

ob ich nicht doch umkehren soll

- zurück zur Insel, zurück nach Westerland.

Es ist nicht ungefährlich, regelmäßig das gleiche Ziel anzufahren, um dort zu verweilen.

Routine hat auch ein wenig mit Selbstverständlichkeit zu tun, und alle selbstverständlichen Dinge werden nicht mehr so genau betrachtet, durchforscht schon gar nicht.

Es fehlt die Würdigung.

Wenn ich es aber nun selbst formuliere, mich selbst davor warne, kann es mir doch selbst nicht passieren.

Ich bin jedenfalls wieder hier und versuche, es nicht Routine werden zu lassen.

Trotz dem Singular ist Waltraud natürlich weiterhin an meiner Seite. Überhaupt ist sie die treibende Kraft – oder besser gesagt der Anlaß aus den Sylt Aufenthalten etwas Regelmäßiges zu machen.

Die Jodluft soll ihr Asthma vertreiben – zumindest beruhigen.

Ich verdanke also ihrer Krankheit eine schöne Entdeckung. Klingt widersinnig – stimmt aber trotzdem.

Immer wenn ich vor meiner Entdeckung von Sylt hörte, glaubte ich, die Insel sei voller VIPs und auch nur ihnen vorbehalten.

Ja gut, es gibt sie die VIPs, aber sie stören nicht, denn sie haben ihre eigenen Reservate, in denen sie nur ungemütlich werden, wenn man sie mit Zoo-Tieren verwechselt, die vom Straßenrand aus bestaunt werden müssen.

Obwohl – eine Nichtbeachtung wäre den betroffenen VIPs wahrscheinlich auch nicht recht.

Ach ja. Wo ist er – der Mittelweg der goldene ?


Morgen – ja morgen werde ich weiter darüber nachdenken. Die lange Fahrt hat mich müde gemacht.

Ausgeschlafen erinnere ich mich zwar daran, meine letzten Gedanken am Vortag an den VIPs verschwendet zu haben, finde es aber nun nicht mehr so wichtig, diesem Thema weiter nachzugehen.

Draußen lockt nämlich einer dieser Tage, die wir so mögen. Sonne und Wind.

Wind eben – nicht Sturm, der das Laufen so schwer macht und Waltraud die Luft nimmt.

Neidisch ist sie auf die jungen Leute, welche die Stufen zum Aussichtspunkt auf der Düne im Sturm nehmen.

Aber – und das ist eigentlich nur wichtig – Waltraud schafft die Stufen, weil sie es so will.

Oben angekommen bemerkt sie ihr schnelles Atmen nicht; erinnert mich an einen Sportler, der auf ein Siegerpodest darf.

Und so als wäre ich ihr Trainer, fordert sie natürlich meinen Zuspruch.


Die Berge des Flachlands
- auch Dünen genannt
sind stark wellig
und haben keinen Rand.


Und weil ihnen nun eben mal
- dieser Rand tut fehlen,
brauchen wir uns beim Abstieg
in keiner Weise quälen.

Nun, da ich schon vor der Fahrt auf die Insel mit meinen Eintragungen beginne, ist es doch ein Beleg dafür, daß es kein Tagebuch im herkömmlichen Sinne ist / sein kann.

Die Vorfreude bringt eigene Gedanken – diktiert von der Hitze und Trockenheit im südlichen Binnenland.

Reif zu sein für die Insel ist für uns nicht nur ein Slogan. Für Waltraud eine Notwendigkeit, für mich der Ausflug in ein Gegenteil des Alltags.

Na gut, es gab nicht immer nur Alltag.

Zum 17. Juni bekam ich eine Einladung des Ministerpräsidenten von Sachsen, der mit mir und einer Handvoll Auserwählter von der Staatskanzlei in Dresden nach Görlitz gefahren war.

Da glaubte ich doch tatsächlich, man hätte mein Buch gelesen – dieses „Der angepaßte Deutsche" mit den vier oder fünf Seiten 17. Juni.

Die Chefin vom Protokoll gestand mir, eben nur diese fünf Seiten gelesen zu haben. Mehr wäre zeitmäßig nicht drin gewesen.

Da kann man froh sein, wenn in der oberen Etage überhaupt gelesen wird. Ich bin es.

Und wie gesagt, auch der Alltag hat verschiedene Gesichter, und Sylt bleibt eine Ausnahme.

Bliebe der Reiz erhalten, wenn Sylt Alltag wäre ?

Bisher hatte ich keine Gelegenheit, das auszuprobieren, deshalb halte ich eine Aussage für gewagt.

Bei allen anderen Zielen habe ich im Voraus ein Programm, habe Vorstellungen, was ich an diesen Zielen während meines Aufenthalts tun werde.

Nicht so bei Sylt.

Da lasse ich mich treiben und entscheide erst im Augenblick, ob ich nach rechts oder links gehe, ob ich noch über die nächste Düne laufe oder einfach nur den Tag verschlafe.

Obwohl letzteres in dieser Umgebung ja schon eine sündhafte Verschwendung bedeutet.

Die gedankliche Zugehörigkeit zu einer Landschaft, zu einem Landstrich oder einer bestimmten Region wechselte bei mir und war immer abhängig davon, wo ich mich gerade befand, mich wohl fühlte oder mit was ich mich gerade beschäftigte.

Während meiner Arbeit an der „ Agnes Stöcklin „ war ich ein Franke durch und durch, in der Künstlerwohnung Soltau und der Arbeit an „ Die vier Wochen des Mondes „ war ich Soltauer, war ich Heidjer – ach was – ich wurde fast zur Heidschnucke.

Ähnliche Zugehörigkeiten beanspruche ich für Görlitz, Dänemark und Hamburg.

Ganz merkwürdig dagegen verhält es sich bei Sylt.

Mich hier zugehörig zu fühlen, kam mir bisher etwas vermessen vor.

Dafür bewundere ich die Sylter; und ich kann es deshalb vorbehaltlos tun, weil ich weiß, daß es ihnen egal ist, ob ich sie bewundere oder nicht. Es gibt da keine Abhängigkeit.

Und obwohl auch ich zu den Menschen gehöre, die ein Leben lang nach einer ganz persönlichen Freiheit suchen und trotz der Entscheidungsfreiheit eben nach rechts oder links gehen zu dürfen, erscheint doch manchmal das Gefühl eingesperrt zu sein.

Eine Insel müßte dieses Gefühl eigentlich verstärken.

Doch der Blick übers Meer verspricht Freiheit, und dadurch wird alles ins Gegenteil gekehrt.

Auf dem Festland müssen Gedanken Mauern durchbrechen, hier genügt es, sie dem Wind anzuvertrauen.

Zunehmend aber melden sich in letzter Zeit die unzufriedenen Gedanken. Eine innere Meuterei hat begonnen. Eine Meuterei, welche die Straße noch fürchtet, weil sie dann bedingungslos wäre.

Zuviel Angestautes arbeitet in den Köpfen – also nicht nur in meinem.

Wie vorausschauend waren Politiker und Wirtschafts-Experten ?

Daß das Auto einen Auspuff hat, ist ja auch erst sehr spät entdeckt worden.

Nun ist man gerade bei der Entdeckung, daß Arbeitslose Geld kosten und keines einbringen, und daß langlebige Rentner zum staatlichen Luxus gehören, den man eigentlich abschaffen müßte, wüßte man nur wie.

Jedenfalls entdecken Politiker einen Teil ihrer Arbeit neu.

Ich weiß nicht, auf welcher Barrikade ich stünde, wäre ich jünger und würde nicht Sylt mich für einige Wochen des Jahres dämpfen und mein Gemüt beruhigen.

Ich muß ruhig werden, ich will ruhig werden – ich bin es !


Vom Ellenbogen bis zur Odde,

von Westerland bis hin zum Damm,

heller Sand, bewachsene Dünen

überall, so weit man sehen kann.


Ob Wattseite, ob offene See –

- es sind alles kurze Wege,

in welche Richtung ich auch geh´;

zum Wasser führen schmale Stege.


Man gewöhnt sich an Zugverspätungen und auch daran, daß Kinder alles dürfen, wie zum Beispiel das auf dem Abteiltisch abgelegte Handy durch eine umgekippte Limo unter Wasse zu setzen, oder die gepolsterte Sitzfläche als

Schuhabtreter zu benutzen.

Langsam gewöhne ich mich sogar an die überdimensionalen grünen Figuren vor dem Bahnhof Westerland, bei deren Einweihung ich damals zugegen war.

Sie tun mir ja nichts.

Ganz anders die Gewöhnung fast jedes Jahr mit einem Zahn weniger auf die Insel zu kommen; den ersten habe ich auch hier gelassen.

Will sagen, es fällt mir schwer, mich daran zu gewöhnen, daß die Zeit innerhalb meiner Haut fortschreitet.

Aber weiter aushalten und so tun als ob. Das Aushalten nicht anmerken zu lassen und so tun, als würde nur bei anderen die Zeit vergehen.

Obwohl man in der Schule schon lernt, daß das Leben nur möglich ist, weil es den Tod gibt, will sich kaum jemand damit anfreunden. Ich auch nicht.

Was nutzt es, ständig etwas vor Augen zu haben, von dem man eben nicht weiß, wann es eintrifft ?

Sie versteckt sich noch – die Ziellinie.

Und es ist sicher eine Frage an das Unterbewußtsein, ob alte Leute nur deshalb langsamer laufen, weil sie damit das Erreichen der Ziellinie hinauszögern wollen.

Die, die am Wasser schneller laufen, haben nur Angst die nächste Mahlzeit zu verpassen.

In diesem Reigen kann ich mich selbst schwer einordnen, denn ich stehe oft wie ein Leuchtturm und beobachte nur.

Was heißt nur ? Es ist eine meiner herausragendsten Tätigkeiten seit ich denken kann. Und hinter allem verbirgt sich für mich das Staunen, daß alles so ist, wie es ist.

Und da nicht alles gut ist, formuliere ich Kritik, die niemand hören will, die mich aber selbst beruhigt, w e i l ich sie formuliert habe.

Läßt meistens nach, wenn ich mal für einige Zeit keine Zeitung lese oder Nachrichten höre.

Schließlich aber ist die ganze politische Landschaft noch genau so undurchsichtig und gefährlich wie zu der Zeit, als ich mit diesen Sylter Notizen begonnen hatte.

Ich kann ja selbst keine Lösungen anbieten, kann aber immerhin mit dieser Erkenntnis besser nörgeln. Und ich gebe zu, manchmal macht es mir sogar Spaß.

Es ist wie eine selbst erlangte Macht, verbal der ganzen Welt den Krieg zu erklären. Sie braucht es ja nicht zu erfahren.

Und Frieden schließen – ich lasse mir auch diese Freude nicht nehmen – Frieden schließen also kann ich ja nur, wenn es vorher einen Kriegszustand gegeben hat.

Die Gelassenheit des Alters scheint mich noch nicht erreicht zu haben.

Es lebe die Erregung !


Jedesmal wenn der Zug durch die Marschlandschaft fährt – und dabei ist es egal, ob es die Hin- oder Rückfahrt ist – muß ich an eine viel zu früh verstorbene Kollegin denken, die wie keine andere diese Landschaft und diese Menschen beschrieben hatte.

Brunhilde Fritz war ein Teil dieses Landes, und ich lernte sie damals bei einem Treffen und mehreren Lesungen in Fulda kennen.

Sie beklagte ihre trockene Stimme, und ich hatte alle Mühe, sie zu überzeugen, daß eben gerade diese trockene Rauheit zu der Landschaft und den Menschen paßte, die sie beschrieb.

Wenn sie ihren alten Lehrer in „ Gelächter der Worte " bekennen läßt: „ Die Einfachheit nur – ja, nur in der Einfachheit liegt die Klarheit der Worte. Kein Höhenflug mehr ! Nein – keinen Höhenflug ! „

Beim Durchrollen durch diese Landschaft höre ich auch die anderen Worte ihres Lehrers hinter dem Deich.

„ Diese Landschaft ist für mich eine einzigartige, friedliche und würdevolle Schöpfung Gottes. Aber so oft schon habe ich versucht, meine Eindrücke mit Worten zu schildern. Am Ende vergehen sie zu einem Nichts gegenüber der Wirklichkeit. „

Ihr Lehrer in der Geschichte resigniert.

Brunhilde Fritz selbst hatte das nicht nötig, denn ihre Worte waren immer treffend.

Für mich lebt sie, wenn ich durch „ ihr „ Land fahre und dabei auch ihre Stimme höre – diese trockene aber passende.


Ich kann bereits eine Lachmöwe von einer Sturmmöwe unterscheiden und weiß auch, daß die größten „ Emmas „ die Silbermöwen sind.

Sie interessieren sich für alles, was weg- oder hingeworfen wird, und sie fressen es auch. Es muß ein stabiler Magen sein, der so viel Gegensätzliches verkraftet, denn ihre natürliche Nahrung fangen sie sich ja trotzdem.

Aber nur weil sich noch keine Möwe bei uns Menschen beklagen konnte, ist das ja noch kein Beleg dafür, daß ihnen ihre Neugier nicht doch Schmerzen bereitet.

Der abgefallene Teil eines Waffeleises wurde von einer großen Emma solange behackt und bearbeitet, bis nichts mehr übrig war; und doch war ihr nicht anzusehen, ob das Eis oder die Waffel besser geschmeckt hatte.

Als nicht weit davon ein Pulk Sturmmöwen sich um das Brot stritten, das einige alte Damen ihnen zuwarfen, beteiligte sich der „ Eispicker „ auch daran.

Nachdem er einige Zeit gekostet hatte, was es da zu holen gab, verließ er seine Artgenossen und zog im Tiefflug übers Wasser, um sich seine Hauptmahlzeit zu holen.

Es war das Drei-Gänge-Menü einer Möwe auf Sylt.

Aber mehr oder weniger gehören hier alle zu den VIGs ( very important gulls ).

Bush hat den Irak besetzt und weiß nicht weiter – dafür weiß es ein Michael Moore, der dem mächtigsten Mann dieser Erde jede Qualifikation und jede Berechtigung abspricht, das Amt des Präsidenten der USA zu bekleiden.

Sein Buch „ Stupid white men „ ist sogar im eigenen Land ein Bestseller.

Ich habe es gelesen, bevor ich wieder nach Sylt kam. Deshalb schweifen meine Gedanken auch ab und zu in diese Richtung.

Schließlich stehen wir ( was wir nach dem letzten Krieg eigentlich gar nicht mehr wollten ) wieder unter Waffen und warten nur auf ein UNO-Mandat, um überall auf der Welt damit rumzufuchteln.

Neutralismus wird bereits mit Feigheit auf eine Stufe gestellt, aber für uns ist das sowieso zu spät.

Aber wer solchen Gedanken nachgeht, der wird entweder Agitator, oder er macht Wattwanderungen, um sie los zu werden.

Letzteres ziehe ich vor.

Der Mond als Dirigent von Ebbe und Flut ist auch Verursacher manch schlafloser Nächte von Menschen, die sich von ihm beeinflußt fühlen und mit ihm eine lebenslange Abhängigkeit eingegangen sind.

Waltraud marschiert zwar nicht über Dächer, und sie läuft auch nicht mit geschlossenen Augen und ausgestreckten Armen durch die Wohnung; sie braucht lediglich mehrere Anläufe um einzuschlafen, wenn – meistens so um die Monatsmitte – der Trabant die Sonnenstrahlen auf die Erde weiterleitet.

Das ist auch während unseres Inselaufenthalts nicht anders.

Wahrscheinlich – da ich ein Nachtmensch bin – hat dieser Satellit schon seine beeinflussende Kraft verbraucht, wenn ich dann endlich das Bett aufsuche.

Könnte es höchstens einmal bei Vollmond probieren – das mit der längeren
Nacht. Aber warum noch im Alter Gewohnheiten ändern ?

Die späten Stunden des dunklen Tages sind Sammelpunkt aller Gedanken des
hellen Tages.

Und da der Horizont tiefer liegt als im bergigen Franken, bleibt es auch länger
hell.

Wenn hier die Sonne ins Meer fällt, gehen im Bergland schon die Lichter an.

Und doch hat der Mond an besonderen Plätzen auch eine besondere Faszination.

Ich habe den Vollmond auf Capri anders empfunden als den hier an der
Nordsee. Auf Capri schien er mir zu sagen: „ Komm, trink noch einen Vino und
dann sing mich an oder schreibe wenigstens ein paar schöne Verse über mich ! „

Hier auf Sylt war er nicht so nachgiebig – eher stolz schien er mich an ein
Naturgesetz zu erinnern: „ Na ? Bist du beeindruckt, wie ich die Meere bewege,
ihnen die Gezeiten diktiere ? „

Macht hin, Macht her – am Tage bleibt er ja doch unbeachtet.


Nachts ist er Herr des Himmels,

am Tage ein blasses Abbild nur,

doch wär´es gut, ihn zu beachten,

schließlich ist er unsere Monatsuhr.


Meine Freunde meinen, ich sei kleinlich, wenn ich argumentiere, daß Sylt seit
1927 keine Insel mehr sei.

Auch die klare Aussage im Brockhaus „ jedes völlig vom Wasser umgebene
Landgebiet sei eine Insel „ , ändert nichts daran, mir Spitzfindigkeit
vorzuwerfen.

Aber man hat ihn nun mal gebaut – den Hindenburgdamm – und damit eine
Landverbindung geschaffen.

Im Streitgespräch spüre ich die Freude, sich über Kleinigkeiten zu erhitzen und dabei die Fähigkeit des Gegners zum Einlenken und zum Kompromiß zu testen.

Doch Unwichtigkeit läßt die Dinge ausufern, und am Schluß weiß keiner mehr, ob es wirklich nur noch um die Definition Insel oder Halbinsel geht.

England gehört ja seit dem Bau des Kanaltunnels auch nicht zum europäischen Festland, denn diese Verbindung findet unter dem Wasser statt, und die Landmasse ist weiterhin „ völlig vom Wasser umgeben „ .

Nach einer solchen Debatte ist natürlich nichts klargestellt worden, da jeder seine Ansicht retten konnte und sich eben nur an der eigenen Wortwahl begeisterte.

Die Sylter mögen mir mit Nachsicht begegnen.

Klar, auch ich bin froh, daß es den Damm gibt.


Ich sehe ins Kielwasser und überlege – nein, ich versuche mir vorzustellen, welche Fische wir gerade nach dem Auslaufen in Höhe von Hörnum Odde vertreiben, oder welches Leben sich unterhalb des Schiffskiels von unserem Darübergleiten gar nicht beirren läßt.

Wäre alles bis zum Grund zu erkennen, würde die Fantasie keine Nahrung bekommen; so aber glaubte ich an ein reichhaltiges Leben neben und unter dem Schiffsrumpf.

Ob es nach einem Ins-Wasser-fallen ein beruhigender Gedanke wäre, nicht allein zu sein, wage ich nicht zu beurteilen, denn bei schwacher Kondition und fehlender Landsichtung dürfte eine solche Betrachtung sowieso egal sein.

Ich weiß nicht, ob ich es glauben soll, aber angenommen unsere Spezies käme ursprünglich wirklich aus dem Meer, dann haben wir alles verlernt, was ein Überleben in diesem Element garantiert.

Obwohl der unumstößliche Beweis fehlt, fürchte ich mich ein wenig vor diesem Herkunftsgedanken.

Trotzdem- diese Nordsee ist bei jedem Wetter beeindruckend. Aber ich werde wieder mitschiffs gehen, wo Waltraud auf mich wartet.

Mein Land ist bankrott !

Es wird zwar nur von leeren Kassen gesprochen und geschrieben, von täglich neuen Einschnitten und Reform der Reformen, aber jeder weiß es und vermeidet doch den Zustand beim passenden Namen zu nennen.

Mein Land ist bankrott; was noch genauer heißt, w i r sind bankrott !

Nun weiß ich es ja nicht erst, seit ich zum Rasierapparat griff und die Zeitung beiseite legte, in der zum xten Mal die Klein- und Normalverdiener zu Opfern aufgefordert werden; ich weiß es schon länger, was heißt, die Verantwortlichen müssen es schon sehr lange wissen.

Heißt auch, wer sich Sylt bisher nicht leisten konnte, der wird es in Zukunft erst recht nicht können.

In der Regel kann nach einem Offenbarungseid wieder von Null begonnen werden.

Ich darf jedenfalls keine Zähne mehr auf Sylt lassen, das wird zu teuer.

Überhaupt muß in Zukunft ein überlegteres Ausgeben stattfinden.

Daß ich zum Nichtraucher geworden bin, ist schon eine enorme Einsparung – nicht für den Finanzminister – für mich.

Rauchende Politiker weisen immer wieder auf die Gefahren des Rauchens hin, und im rauchfreien Amerika wird nur noch in Spielfilmen geraucht.

Mit dieser Scheinheiligkeit wird aus einem Dukatenscheißer ein Buhmann gemacht.

Ich hatte einen Traum.

Doch – träumen, das kann man. Das geht sogar direkt am Wasser, wenn man sich lange genug an das Geräusch der Wellen, des Windes und der Möwen gewöhnt hat. Ich hatte es.

Und es war kein Strandkorb und keine Bank, die mir da behilflich war. Ich saß nur im Sand mit dem Rücken an einen der Betonblöcke gelehnt, die an diesem Abschnitt überall herumlagen.

Die üblichen Strandläufer liefen direkt am Wasser, kamen also bei mir nicht vorbei, so daß ich, ohne belächelt zu werden, die Augen schließen konnte, die Beine ausgestreckt.

Dieser dann vom Wind eingegebene Traum hatte nur einen Darsteller – mich selbst.

Ich vermute, es waren nur Minuten, aber in dieser Zeit signalisierte mir mein Unterbewußtsein, daß ich allein und der letzte Mensch auf dieser Welt sei.

Mir stand alles zur Verfügung, ich hatte überall Zutritt, aber ich konnte mich darüber nicht freuen. Unruhe und Angst kamen über mich.

Um mich abzulenken, wollte ich Musik hören, aber es gab keinen Strom, und als ich fror, blieb die Heizung kalt.

Ich verkroch mich in eine Ecke und redete mir ein, daß sich all die vielen Menschen nur versteckt hätten und wartete nun, daß sie aus ihren Verstecken wieder hervorkommen würden.

Ich schien Glück zu haben, denn ich spürte eine Bewegung ganz in meiner Nähe, und als ich die Augen öffnete, hatte sich eine Möwe vor meinen Füßen niedergelassen.

Sie war sicherlich im Zweifel gewesen, ob noch Leben in mir war.

Danach ging ich wieder unter Menschen.

Es gibt Tage auf dieser Insel, da reagiere ich auf keinerlei neue Nachrichten oder neue Entwicklungen, worüber Waltraud erst erstaunt und dann aber erfreut ist, da es ihr an solchen Tagen erspart bleibt meine Kommentare und Stellungnahmen, die oft auch kleine Wutausbrüche sind, erdulden zu müssen.

Ein immer wiederkehrender Wutausbruch befaßt sich mit dem Verstümmeln und Aussterben der deutschen Sprache, wobei die Unterhaltungsindustrie bei mir am schlechtesten wegkommt, da dort selbst die jüngsten Nachwuchstalente nicht bereit sind, ihre Texte in deutsch vorzutragen.

Aber das ist für mich das Gute an der Insel, daß ich hier nicht jeden Tag bereit bin, nach Zündstoff zu suchen.

Solche Tage sind dann Genuß geprägte Tage, an denen ich noch mehr als sonst Wert lege auf gute Getränke, gutes Essen und ein Ausfindigmachen besonderer Ziele.

Dann falle ich aus der Gemeinschaft, genüge mir selbst und habe kein Interesse an Börsenberichten, Sportergebnissen und politischem Hick Hack – ja nicht einmal der Wetterbericht wird dann von mir zur Kenntnis genommen.

Warum auch ? Ich habe ja doch keinen Einfluß auf all diese Geschehnisse.

Aber genau das sind die Tage, auf die es ankommt, wenn man schon dem Festland den Rücken kehrt. Zeit begrenzter Luxus des Widerspruchs.

Man sollte in Niebüll eine Problem-Aufbewahrungsstelle einrichten.

Nur würden dann die weggeworfenen Abholscheine ein Müllproblem für Sylt werden.

Jeder trägt also weiter sein Gepäck und muß selbst herausfinden, wie alles trickreich zu bewerkstelligen ist.

Vielen scheint es hier zu gelingen, denn ich sehe, man geht aufrecht auf Sylt.

Nach einer beschwerlichen Bahnfahrt wurde ich am nächsten Morgen durch ein schepperndes Geräusch geweckt.

Die Müllabfuhr war schon sehr früh da und übertönte jedes Meeresrauschen.

Dieser Umstand und mein verdrießliches Gesicht waren irgendwie symptomatisch für die allgemeine Lage.

Da sich die Gefahr von Anschlägen nicht verringert hat, ist der Sieg im Irak nun lästig geworden, und der Gedanke der Globalisierung täuscht vor, eine neue Welt zu schaffen, und man will uns keine Zeit lassen, die alte noch einmal zu lieben.

Und obwohl Sylt ja nun auch von dieser Welt ist, habe ich hier immer das Gefühl, einen Schritt vom Weltgeschehen zurückgetreten zu sein – mit dem Rücken zum Wasser und nicht angreifbar.

Als die Müllmänner weg waren, hörte ich zumindest die „ Emmas „ wieder und war bereit, nach einem Frühstück die Wassergrenze zu erkunden.

Ich begrüßte sodann die winzigen Jodteilchen, die ich einatmete und wußte, daß es für Waltraud eine noch größere Wohltat sein mußte.

Zugegeben – wir brauchen von Mal zu Mal zum Ankleiden, Essenbereiten und Abwasch eine längere Zeit; doch die verbleibende reicht noch allemal um Eindrücke zu sammeln und sie auch zu Papier zu bringen.

An der Muschel auf der Promenade die heile Welt.

„ Das macht die Berliner Luft - - „ behauptet eine Kapelle, und die Möwen können es nicht glauben. Die musikalischen von ihnen sitzen in einer Reihe über den Darbietenden, die anderen fliegen im Sturzflug kichernd über den Strand – weg von der Luft aus Berlin.

Gut. Wir sind wieder auf der Insel, der Herbst hat begonnen, und die See ist spiegelglatt.

Man hätte an einem der Tische im Freien Briefmarken tauschen können, und keine wäre weggeflogen.

Flaute sagen die Seeleute. Ja, es war Flaute.

Plötzlich sah man Arme und Beine wieder frei, und man reckte sie der Sonne entgegen, um den Sommer auf der Haut so lange wie möglich zu erhalten.

In einer solchen Zeit wünsche ich mir dann, das Leben auf der ganzen Welt könnte sich auf einer Promenade abspielen – vielleicht auf dieser Promenade hier.

Natürlich eine aberwitzige Idee – noch dazu wo Anzahl und Masse in kein Verhältnis gebracht werden könnten. Eine reizvolle Vorstellung trotzdem.

Dieses aneinander Vorbeigehen ohne dem anderen weh zu tun, die Unwichtigkeit von Garderobe und dieses „ leben und leben lassen „ von Leuten, die genug Geld haben und denen, die das letzte Ersparte investieren, um etwas aufzusaugen, von dem sie glauben, daß sie noch lange davon zehren können. Und wenn es nur die Luft ist, denn ein Aufenthalt hier vertreibt im Winter jede Erkältung.


Es war der Mond.

Ihm fehlte noch dieses letzte Drittel um voll zu sein.

Auf der Wattseite brachte er das Wasser zum Glitzern, und ich sah es bei auflaufendem Wasser nach einbrechender Dunkelheit von meinem Fenster aus.

Nur durch diesen Anblick – den man ja von ebener Erde nicht haben kann – mit der offenen See hinter mir, bekam ich das richtige Raumempfinden und den augenscheinlichen Beweis: Die Insel war nicht breit.

Natürlich – viele Ansichtskarten und herrliche Luftaufnahmen zeigen es, aber nichts ist überzeugender als es ohne Hilfsmittel mit eigenen Augen zu sehen.

Auf flachem Land genügt eine leichte Erhöhung, um den Horizont weiter wegzuschieben. Mir stand da immerhin ein siebentes Stockwerk zur Verfügung. Vergleichbar mit einem Hubschraubeer-Ausblick auf ein Bergland.

Die Krümmung bringt es an den Tag,

um sie zu erkennen,

muß ich mich erheben,

muß zugeben, daß die Erde rund

- so von ganz oben eben.


Bei der Einweihung der grünen Ungeheuer vor dem Bahnhof Westerland war damals die Meinung geteilt; heute hat man keine mehr. Wozu auch ?

Die Gebäude, die ich nicht leiden kann, stehen ja trotzdem, und ich muß die dicke Brunnenfigur in der Wilhelmstraße, die sich bei Wind und Wetter die Füße wäscht, ja auch nicht lieben.

Viele weniger dicke Frauen, die ich kenne, behaupten, das könnten sie nicht. Der Bauch würde sie daran hindern, den Fuß so hoch zu bekommen.

Aber das ist keine künstlerische sondern eine anatomische Frage, bei der sicher auch die Länge der Beine eine Rolle spielt.

Ob nun belustigt oder nicht; die freizügige Dame kann sich vieler Blicke sicher sein. Und damit hat der Künstler doch das erreicht, was er wollte – Beachtung.


Muß man Politiker sein, um Politiker zu verstehen ?

Ich gebe zu, ich verstehe sie nicht – nicht mehr.

Wahrscheinlich ist über einen großen Zeitraum Mißwirtschaft betrieben worden, und da Mißwirtschaft nie so richtig bestraft sondern immer nur mit hohen Abfindungen belohnt wurde, ist kein Anreiz zur Besserung gegeben.

Man muß wahrscheinlich doch Politiker sein, um Politiker zu verstehn.

Mein Vorsatz war, mich während meines Insel-Aufenthalts nicht aufzuregen, aber genau diese Leute sind schuld daran, daß ich meinem Vorsatz untreu werde – und zwar immer öfter.

In solchen Momenten wünsche ich mir dann, Sylt wäre noch abgelegener – mindestens wie – naja, ich denke da an die hinterste Ecke von Sibirien, wo man eben nicht über tausend Zeitungen stolpert und damit nicht über das neueste Gezänk ( was ja immer nur das alte ist ) unterrichtet wird.

Verantwortung übernehmen und sich selbst mit einbringen, das ist der Aufruf verzweifelter Politiker an uns alle.

Um dem nachzukommen aber muß ich sie erst verstehen.


Naja – es gibt schon einen Unterschied zum Leben hier und anderswo.

Wenn es hier regnet, ist das kein Grund im Haus zu bleiben. Mit der passenden Kleidung – o ja – ich habe mir sogar einen Südwester zugelegt – da bleibt jetzt sogar der Nacken trocken.

Waltraud war zu dieser Kopfbedeckung nicht zu überreden. Hat was mit Haare und Frisur zu tun – und natürlich auch mit der Vergeblichkeit weiblicher Logik.

Denn die Zeremonie blieb immer die gleiche.

Zuerst wurden die Haare mit viel Zeitaufwand bearbeitet, und danach genügten drei Schritte ums Haus, um alle Illusion zu zerstören – vor allem die Illusion, mit dem Wind einen Pakt schließen zu können.


Dann kam für mich ein ganz anderer Jahrestag.

Hier hatte ich vor zwölf Monaten meine letzte Zigarette geraucht. Ich, der ich so leidenschaftlich gern rauchte, hatte aufgehört. Einfach so.

Ich war stolz auf mich und wollte nun auch bei den Ärzten etwas Eindruck schinden.

Beim ersten klappte es schon mal nicht.

Der meinte, daß er vor einigen Monaten ebenfalls das Rauchen eingestellt hätte; damit aber gar nicht so zufrieden sei. Sein Geruchsempfinden habe sich verfeinert, was bedeutete, daß er eine zu stark parfümierte Frau schon unangenehm auf der anderen Straßenseite wahrnahm, und auch der Schweiß seiner Patienten sei für ihn jetzt erst ruchbar geworden.

Als ich beim nächsten Arzt wegen Magenbeschwerden vorsprach, grinste der mich an und hielt mir vor, daß während meiner Zeit als Raucher die Zigaretten die Verdauung mit geregelt hätten. Nun käme es eben wieder zu einer Umstellung.

Also – Eindruck war da nicht zu schinden.

Aber die Leiden eines Nichtrauchers gingen weiter, als ich mit entzündeten Handrücken beim Hautarzt erschien. Es ist immer wieder belustigend, wenn Ärzte den Patienten fragen, was w i r denn hätten.

Ich schob den Plural beiseite, zeigte meinen Handrücken und meinte, daß ich über dieses Aussehen irritiert sei. Er war es auch.

Ich hatte also Eindruck gemacht; wenn auch nur über eine Irritation.

Doch ich hatte seinen Ehrgeiz geweckt der Sache auf den Grund zu gehen. Eine Pilzkultur wurde angelegt.

Was war plötzlich mit mir los ? Hatte ich vorher all diese Unpäßlichkeiten einfach weggeraucht ?

Raucher sterben ja bekanntlich an einer geschwärzten Lunge und verengten Gefäßen und nicht an dem, was hier anstand.

Dabei mußte ich nun an einen anderen Arzt denken, der mir immer vorschwärmte, wie schön es sei, bei einem Glas Rotwein eine gute Havanna zu rauchen und ein schönes Buch zu lesen.

Es ist so schwer, ein überzeugter Nichtraucher zu sein.


Rotbarsch paniert oder Scholle.

Wie oft esse ich das schon zu Haus ? Hier fast jeden zweiten Tag.

Man sagt, die Früchte des Meeres würden einen Kropf verhindern. Da muß was dran sein, denn einen Matrosen, der einen solchen gehabt hätte, kenne ich nicht.

An der Quelle schmeckt eben alles besser.

Ein Busfahrer-Witz auf der Insel besagt, daß ein Führerschein eigentlich nicht nötig sei, da ja doch nur geradeaus gefahren wird – meist von Nord nach Süd oder umgekehrt.

Und da man eben mit dem Bus hier überall hinkommt, bin ich erstaunt, daß trotzdem regelmäßig so viele Autos über den Damm kommen.

Ich tat es bisher nicht – war nur öfter in Versuchung hier ein Auto zu mieten um nicht Zeit abhängig zu sein.

Bei diesen Abhängigkeiten, und das ist eine Krankheit des Festlands, kann man oft nicht die eingebildeten von den notwendigen unterscheiden.

Ein Auto ist nun kein Thema mehr.

Geduldiges Warten ist eine Form der Kunst geworden, da die Mehrheit der Meinung ist, daß das Leben zu kurz sei, um auf etwas zu warten oder etwas abzuwarten.

Als ich das erste Mal auf Sylt war, wartete ich beispielsweise auf ein anderes Wetter. Damals wollte ich es rauher und stürmischer, und mir erschien der Herbst zu milde.

Heute weiß ich, der Wechsel kann schnell erfolgen und dann paßt das, was kommt, meist auch nicht so recht.

Ich warte nicht mehr. Ich passe mich an.

Man muß ja im Sturm keine Briefmarken tauschen.

Heute war es rauh und stürmisch.

Sehr erstaunlich wie sich Waltraud trotz ihres Asthmas gegen den Wind stemmte. Sie glaubte bisher, das gar nicht zu können.

Ich las den Stolz in ihren Augen, und ihr ganzer Körper wuchs, als hätte sie soeben den Mount Everest ohne Sauerstoff erklommen.

Notwendige Arbeiten werden auf der Insel im Herbst erledigt. Das ist so.

Die Maschine, die den Belag der Promenade aufriß, der anschließend wieder erneuert werden sollte, war mir zu laut. Es war die Zertrümmerung einer großen Fläche und war wirklich laut.

Diese Aktivitäten hatten mich jedenfalls vom Strand vertrieben, und ich begab mich ins Innere der Insel nach Alt-Westerland.

Eine ruhige, behäbige Gegend. Die alte Dorfkirche St.Niels war offen, die Dänische Kirche nicht.

Was hätte ich auch sehen wollen ? Ich kenne viele Kirchen in Dänemark und mußte nicht unbedingt da hinein.

Der Geruch von Buchsbaum und Fäulnis verriet mir die Nähe des Friedhofs.

Seit ich als Kind diesen Geruch erstmals aufgenommen hatte, ist er für mich gleichbedeutend mit Endgültigkeit und Frieden – wenn auch ein erzwungener Frieden.

Aber an diesem sonnigen, warmen Tag in mittäglicher Ruhe zwischen alten Reetdach-Häusern war kein Koffer-Rollen an- oder abfahrender Touristen zu hören. Und auch vom nahegelegenen Flugplatz schien kein Rundflug zu starten.

In solch ruhigen Momenten entferne ich mich ein wenig von der Schnellebigkeit und dem Zwang, immer das zu tun, was andere erwarten.

Auf der Promenade jedenfalls wurde der Belag erneuert.


Brötchen.

Für Waltraud mit Aal, für mich mit Brathering. Die Häppchen für den kleinen Hunger im Vorbeigehen.

Ich weiß nicht, ob Seeluft so zehrt, die Eßlust wird in jedem Fall gesteigert.

Essen Matrosen so viel mehr als Landratten ? Auch das weiß ich nicht.

Wenn man Büchern und Filmen glauben darf, sollen sie besonders trinkfest sein.

Viele Landratten sind das aber auch.

Nein, es bringt nichts in diese Richtung weiter zu philosophieren.

Es war ja nur ein Brötchen, das diese Gedanken auslöste.

Also – runterschlucken und aus.


Sonnenuntergang.

An jeder Westküste fällt die Sonne am Ende des Tages einfach ins Meer. So sieht es aus. Und so sieht es auch hier an der Westküste von Sylt aus.

Wenn die Strandarbeiter die vielen Flaggen einholen und die Schnüre am Mast vertäuen, dann verabschiedet sich das Tageslicht.

Die Sonne geht schlafen. Viele Strandläufer noch nicht.

Es gibt wesentlich mehr Bilder und Berichte von Sonnenuntergängen als je welche von Sonnenaufgängen gemacht wurden.

Ich denke, daß es daran liegen kann, daß kaum ein Künstler gern früh aufstehen mag; und das müßte er wohl, um ein Bild oder einen Bericht machen zu können.

Auch ich gebe mir da keine große Mühe, denn ich bin weder ein früher Vogel, noch möchte ich am Morgen einen Wurm fangen.

Außerdem dürfte in unbekannter Gegend der Unterschied zwischen Auf- und Untergang kaum auszumachen sein. Nein, er ist nicht auszumachen, denn ich habe Freunde damit schon reingelegt.

Heute war der Untergang schwach und milchig, und dadurch sind mir die Aufnahmen auch ohne Sonnenfilter geglückt.


Jetzt weiß ich auch, was für mich die Entspannung auf der Insel ausmacht. Das Nicht-so-erreichbar-sein !

Ohne Telefon und nur mit einem Handy, dessen Nummer nur wenige haben, da braucht man weder oft noch schnell zu reagieren.

Schließlich bin ich nicht bei der Feuerwehr oder unterliege der Illusion einer nicht austauschbaren Wichtigkeit.

Ich will eben nur zeitweilig nicht erreichbar sein.

Unser Erdtrabant.

Wenn dieser Dirigent der Gezeiten hier am frühen Abend über Braderup erschien, beeinflußte er Waltraud immerhin soweit, daß sie unruhig schlief, mehrmals aufstand und am nächsten Morgen klagte, nicht ausgeschlafen zu sein.

Dabei ist es für mich schwer vorstellbar, daß der Mond über der Insel einen größeren Einfluß ausüben könnte, als er es auf dem Festland tat.

Jedenfalls für die, die daran glauben, verzaubert er nicht nur die Landschaft.

In einem Lokal beispielsweise ganz in meiner Nähe finden zweimal in der Woche Vergnügungen statt, und die mitternächtlichen Verabschiedungen scheinen mir bei Vollmond besonders laut zu erfolgen. Das kann doch nicht Einbildung sein.

Nun ja – aber Lärm bleibt Lärm egal mit wieviel Phon er sich nach oben steigert.

Immer in den letzten Tagen des Inselaufenthalts treten andere Begriffe ins Bewußtsein. Zum Beispiel die Bahn.

Mit diesem Begriff verbindet man Zugverspätung, das Nichterreichen von Anschlüssen und das Hochkommen von Ärger.

Bei Wiederholung solcher Vorgänge verfestigt sich die Vorstellung, daß aller Ärger mit Betreten des Festlands beginnt.

Muß ja so sein.

Ein Bahnbediensteter, dem ich eine Beschwerde vorbrachte, fragte mich einmal, warum ich denn mit der Bahn fahren würde, wenn ich mit ihr so unzufrieden sei.

Aber auch auf breiter Front hat sich nichts geändert.

Die Wirtschaftslage ist angespannt, die Politik gibt uns weiter Rätsel auf, und Kultur kann von vielen schon nicht mehr buchstabiert werden.

Natürlich war das Abgeschottetsein auf der Insel nur eine Illusion – aber eine schöne.

Das Wegstehlen oder Verkriechen ist in einer unsicheren Zeit der Wunschgedanke von vielen, die nicht mitgestalten können oder wollen.

Ich versuche es zumindest. Also muß ich auch immer wieder von der Insel runter.

Ich lese wieder Zeitung, höre Nachrichten und erlebe Politiker, die entweder Auskunft verweigern oder statt einer knappen Antwort lange Vorträge halten.

Und diese Vorträge sind immer eine Kampfansage und Zurechtweisung an andere Parteien und andere Politiker.

Diese grundlose Besserwisserei macht seriöse Ideen im Ansatz kaputt, und ich denke an Flucht und weiß nicht wohin.

Die Insel habe ich doch gerade erst verlassen.


Ich bitte die Welt,

sie möge sich doch ändern,

ja, ich flehe sie an.

Doch sie meint,

ob von all den vielen Ländern

- mir denn nicht eins gefallen kann.

Aber eben diese Frage

- macht die Entscheidung schwer,

denn ich möchte doch erreichen,

daß ein Land wie's andere wär.


Ja gut – Sylt hat nun mal keinen Trevi-Brunnen, in den man rücklings eine Münze werfen könnte, verbunden mit dem Wunsch wiederzukommen.

Ist auch nicht nötig, denn ich komme wieder. Versprochen.

So leicht wie es war, meine Wiederkehr zu versprechen, so schwer fällt es mir jetzt, da ich wieder hier bin, dieses Versprechen zu wiederholen.

Wenn nicht medizinische Wunder geschehen, wird Waltraud wohl eine solche Reise sowie auch die auf Sylt nötigen Fußwege nicht mehr schaffen.

Diesmal noch wollen wir uns behelfen, so gut es möglich ist. Und da sind wir schon froh, wenn nur ein kleiner Gang zum und am Wasser geschafft wird.

Aber an den Anfang gehört das Ausruhen von einer langen Fahrt und das langsame Eintauchen in diese besondere Luft.

Die anfängliche Müdigkeit schreckt uns also nicht. Eher schon die drohenden Überschriften in fast allen Zeitungen.

Es sei denn, man vertieft sich nur in die Riff-raff-Seiten, auf denen ich zum Beispiel auch einen Hinweis fand, daß Reinhard Mais Schreibtisch in Kampen so steht, daß er von dort den Leuchtturm vor Augen hat.

Was in keiner Zeitung steht: Ich kann den Leuchtturm auch sehen – allerdings nur mit zusammengekniffenen Augen vom Balkon ganz klein.

Lange war man in Politik und Wirtschaft nicht mehr so unversöhnlich. Jeder gegen jeden, und jedes gedruckte Wort wird zur Waffe.

Bush glaubt fest daran, die Welt sicherer gemacht zu haben, obwohl Terrormeldungen zur Tagesordnung gehören.

Mit diesem Gedankenbelag bin ich wieder auf Sylt, kaufe mir eine Karte für eine Günter Grass Lesung und warte ab.

Für Waltraud wurde ein Gehwagen gemietet, den wir bei Regen und Sturm einweihten.

Von der Stille der letzten Jahre ist diesmal nichts zu spüren.

Die See kocht, und die letzten Meter bis zur Promenade sind ein Kraftakt, für den man kein Leichtgewicht sein durfte.

Das geht nun schon drei Tage so, und ein schneller Wechsel ist noch nicht zu erwarten.

Übrigens: Die Promenade ist ausgebessert worden. Nun können Salz, Wasser und Wind sich wieder an die Arbeit machen.

Es ist der ewige Versuch eine Insel aufzufressen.


Das Wetter hat sich etwas beruhigt, aber der Wind ist immer noch so stark, daß ich heute sogar Waltrauds Hut hinterher laufen mußte. Sie hat sich einen neuen gekauft, und der ist leichter.

Leichter ist es für Waltraud nun auch mit dem Laufwagen, zumal dieser auch eine Sitzfläche hat.


Habe für Madeleine etwas auf Kassette gesprochen und ihr geschickt. Die nächsten Zeilen haben die Überschrift: „ Sylter Gra(s) „

Welche Beweggründe gab es für mich, mir einen Nobelpreisträger anzuhören ?

Vielleicht nur um hier auf Sylt ein sehr stürmisches und sehr herbstliches Wetter zu überbrücken, das so manche andere Aktivitäten einschränkt.

Ein Ausweichen also – so wie man eine Kinokarte kauft, um sich unterhalten zu lassen, weil man zur Zeit selber nicht unterhalten kann.

Wäre auch ohne Nobelpreis diese Entscheidung gefallen ?

Das würde ja sonst bedeuten, daß alle, die keinen Nobelpreis haben, schlechter wären.

Ja gut – manche Anwärter sind oft jahrelang nominiert und bekommen ihn am Ende doch nicht. Doch wer ihn hat, der muß für den Rest des Lebens sehr abgeklärt sein – über den Dingen stehen, wie es so schön heißt.

Vielleicht wollte ich gerade diese Abgeklärtheit sehen, hören und spüren. Ein Begriff, der auf meiner Etage der Schriftstellerei noch keinen Einzug gehalten hat.

Eine Lesung. Ja, eine Lesung wird es werden.

Bisher habe ich mich immer gesträubt zu Lesungen zu gehen, da ich ja selbst welche halte. Und überhaupt; ich kann doch lesen und muß nicht unbedingt etwas vorgelesen bekommen.

Trotzdem habe ich eine Karte gekauft. Und der Beweggrund ist also Neugier – einfach nur Neugier, wie wohl ein Nobelpreisträger seine eigenen Texte rüber bringt.

Lyrik und Prosa war angekündigt – also kein spezielles Werk.

Während der Sturm vom Wasser weg durch die Straßen fegte, machte ich mich auf den Weg zum Alten Kursaal von Westerland, untergebracht in einem wuchtigen Gebäude, in dem sich auch das Rathaus und die Spielbank befinden.

Im Foyer erstehe ich „ Mein Jahrhundert „ – eine Notwendigkeit, um später eine Signatur – ein Autogramm zu bekommen.

Langsamen Schrittes erscheint Günter Grass an der Seite seiner Frau im Saal und setzt sich in die Mitte der ersten Reihe mit Blick auf das Rednerpult, so als wollte er seiner eigenen Lesung lauschen.

Sein brauner Anzug und die weißen Haare seiner Frau sind für das Publikum zwei Farbpunkte, die minutenlang angestarrt werden.

Ein Mann, den ich nicht kenne, spricht einleitende Worte und würdigt Grass.

Dann ist er dran – der Nobelpreisträger.

Als erstes schiebt er die Standerhöhung am Pult fort mit der Bemerkung, es sei ihm zu hoch.

Dann blättert er im abgelegten Material und kündigt das sechste Kapitel vom „ Krebsgang „ an.

Die Wilhelm Gustloff und ihre letzten Stunden. Viel Erklärendes und viel Technisches. Torpedos, die drei Meter unter der Wasseroberfläche angesetzt waren bei einer Entfernung von sechshundert Metern – auch Tonnenangaben der Wasserverdrängung - .

Ich ertappe mich dabei gedanklich abzuschweifen.

Ganz respektlos versuche ich mir vorzustellen, in wie viele Speisen und Getränke dieser Seehundbart wohl schon getaucht sein könnte.

Ein lautes Pfeifenraucher-Husten direkt ins Mikrophon reißt mich von diesen Gedanken fort und belegt mir, daß die Zeiten vorbei sind, in denen ein Günter Grass neunzig Minuten gelesen hatte und sich nur einmal räuspern mußte.

Im Fünfzehn-Minuten-Takt wurde nun gehustet – aber das sechste Kapitel war ja auch lang, und nicht jeder Zuhörer konnte sich schon vom Alter her in die letzten Tage des Zweiten Weltkriegs hineinversetzen.

Die anschließenden Gedichte über das Tanzen waren zwar nicht tänzerisch aber wesentlich amüsanter.

Dann stand er neben dem Pult schüchtern und hilflos, als wollte er sich entschuldigen.

Der Beifall war ehrlich und galt einem Mann, der als Handwerker der Literatur nun endlich alles erreicht hatte.

Aber erst nachdem anschließend seine Stummelpfeife brannte, gab es auch Autogramme.


Nun arbeite ich mich durch seine hundert Geschichten in „ Mein Jahrhundert „ und stelle sehr schnell fest, daß es eine gelungene Zusammenstellung ist.


Landwind.

Die Hüte fliegen weg, auch wenn man nicht in Wassernähe ist.

Kräfte, die gegen das anrollende Wasser drücken und hohe Wellen nicht zulassen.

Man hat herausgefunden, daß die Erde einen für uns nicht hörbaren Ton erzeugt.

Denkbar wäre, daß dieser Ton entsteht, wenn Winde über die großen Wasserflächen streichen.

Windgedanken.

Am Ende jeder Saison wird gebuddelt.

Voriges Jahr war es die Verschönerung der Promenade und dieses Jahr ist die Friedrichstraße dran.

Heute wurden die ersten Steine in der Fußgängerzone weggebaggert.

Darunter feiner Sand wie am Strand.


Für Waltraud war der Weg zu anstrengend, also bin ich allein gegangen. Das mußte ich einfach tun, denn Sylt hat nun ein Aquarium.

Alles ist noch so neu, daß es noch nicht mal einen Bildband oder einen gedruckten Wegweiser gibt.

Ich kenne ähnliche Anlagen, und alle haben eins gemeinsam – den süßlichen Geruch von getrocknetem Fischfutter. Hier fehlt er.

Alles ist vorbildlich sauber und geruchfrei. Ich werde sicher wiederkommen.


Ein Regenbogen, nur halb gewachsen so wie abgesägt, erschien über Wellen der Windstärke sieben.

Ein Gewitter trieb schnell ins Landesinnere und ließ nur noch lautlose Blitze sehen.

Ich habe vom Flutsaum etwas Sand in eine Rumtee-Flasche gefüllt, um auch zu Haus ein Stück Nordsee zu haben.

Schließlich werde ich mich in ihr eines Tages zur Ruhe legen.

Madeleine war noch nie auf Sylt, und überhaupt schien ihr der Norden fremd.

Doch dann fand in einen ihrer Briefe diese Gegend erstmals Erwähnung.

Sie schreibt:

Lieber Günter

So – nun habe ich den artikel gelesen, fein, mußte schmunzeln bei den worten „die ruhe der routine" - - ja, so sah ich dich dort sitzen und lesen, vorlesen.

Was mir ein paar minuten – als ich zur bahnbauingenieurin erkoren und tätig wurde – dann endlich doch noch einfiel, dir zu sagen, fahre irgendwann nach westerland, freiwillig oder unfreiwillig, beides - - antoine hat in der dortigen klinik einen vierwöchigen kuraufenthalt zugesprochen erhalten.

Warte nun auf den bescheid der klinik, wann wir dort mit sack und pack eintrudeln müssen, wenn ich den termin weiss, sag ich dir bescheid, löchere dich mit touristischen fragen - -

Nun gehab dich über den tag hinaus wohl, herzlich

madeleine

Hier ihre Kurzmitteilung.

Lieber Günter

ich werde morgen nicht an der Sitzung sein da ich erkrankt bin. x Momente sogar Sonntag mein Galerieleiter absagen. Habe Magen-Grippe mit Olkirnne x 100 fiebern. Wird gut. Klar, das Syloterontrinene auf Späle, viele viele Grüße dennoi!

x Pbr ff. leder

An anderer Stelle hieß es:

- - also – nein du, lass gut sein und schicke mir ja nicht mit der post die
  syltinfos, spar dir das geld, sann laß lieber auch diese möglichkeit, wie heisst
  es doch so in etwa treffend ? geduld bringt rosen, ich kann warten zu deutsch.


So – jetzt geh ich lächeln üben – mit deinen grüßen ein leichtes, beschwingtes


Madeleine



Dann kurz vor Weihnachten noch ein paar Zeilen.


Lieber Günter

Hab dank für die wegweisenden unterlagen – habe gerade nachgeschaut in
welcher strasse diese klinik ist, gefunden, ist nicht weit vom strand - - na, ich bin
mal gespannt auf die stadt die laut dem buch fast so viele gastbetten hat wie
einwohnerinnen und einwohner - - unvorstellbar, wird das was.
Westerland ist fast so gross klein wie zofingen, dort wo ich aufgewachsen bin.
Nein, sag jetzt nicht, dass ich mich dort dann wohl fühlen werde - -
---------- werde berichten – ganz bestimmt.

Nun ist es passiert das verheerende Unglück im Indischen Ozean.

Dabei hat die Erde nur das getan, was sie immer tut, was sie tun muß.

Nur haben wir kein Auge und Ohr mehr für sie. Tiere haben sich in Sicherheit gebracht.

Meine nächste Reise nach Sylt jedenfalls werde ich mit anderen Augen sehen.

Denn eine Studie besagt, würde das gleiche in der Nordsee geschehen, gäbe es Hamburg und Bremen nicht mehr – und Sylt natürlich auch nicht.

Doch bevor ich dort wieder in Erscheinung trete, wird Madeleine mit Sohn Antoine schneller sein.

Ich half ihr ein wenig, sich gedanklich auf diese Insel vorzubereiten, und ich hoffe, daß ihr der Klinikaufenthalt des Sohnes noch so viel Zeit läßt, um eine Bewertung dieser ihr bisher fremden Umgebung abzugeben.

Für mich ein Grund einen Teil des Briefwechsels hier mit aufzunehmen – eine andere Meinung neben meine zu stellen.

momentan mag er noch keine gebrutzelten
Frühstückeier, dickes Ei eher – & die Eier hab
ich noch zu richten. So ist das noch – &
bevor er & ich auseinander in die Ferne
schweifen, da wird er mir vielleicht ab & an ein
Ei aus Bett bringen. guten Tag mamma. Ich
werde ihn dann einen Goldschatz nennen. ganz
bestimmt. Doch das ist noch weite Zukunft.
Bald beginnt das nächste Jahr.
Ich weiss noch nicht, wann wir nach Westerland
fahren werden. dürfen. Aha, du bist also schon
in selber Stadt, heimisch – ? –, immer wieder.
Ich werde auf deinen Spuren in allen Ihren
gehen, die er jene Ecke quitten lassen. Kann
es mir noch gar nicht vorstellen. So gesagt,
kneif mich mal. Aua. – Die Klinik liegt
ja fast am Strand, am Meer. Vielleicht haben
wir ein Zimmer mit Meeresblick – oho, das
wäre was. So zwischen den Häusern davon quer
durch. Mal sehen. & ich werde dir schreiben, berichten. Sollte meine Ambition eines Tagebuches
schwer vornehmen. Nicht nur als Freischstellerin
& vielleicht garbiert ginster grösser wieder dort..
schon ein wenig heid, du hast ihn gesehen,
gehört, angetroffen. Wann. Ein wenig heid –
weiss gar nicht, was ich so von ihm halten
soll. Ich habe mir vor einem Monat ungefähr

3.

seine Sonetten, Novemberland, gekauft. Die dreizehn Gedichte mag ich sehr. Kennen tue ich noch die Blechtrommel. Mal als Film gesehen. Schon lange her & nicht so recht begriffen, was sie mir, Hintergrund? Bin aber zwischenzeitlich etwas ein bisschen schlauer geworden. Baum - irgendwie Türe, Achtung - & es läuft mir immer wieder über den Weg & ich grüße dann. Gut, hat, wenn es mir mal mit ein paar Büchern unter seinem Arm über den Weg läuft, werde ich ihn wohl nicht erkennen. Hattest Du ihn auch gesprochen?

mein Guter, es ist herzlahm. Ich sage Dir auf demnächst wieder.
Danke Dir für Deine Gesellschaft.
Herzliche Grüße, viel gutes.




Die Kassette werde ich behalten. Von wegen anhören & weg. Nie & nimmer.

Madeleine war also auch zum Jahresausklang gedanklich schon auf Sylt.

Wie wird sie als Schweizerin dieses Neuland aufnehmen ?

Vielleicht werden es neue Gedankenrichtungen für Ihre Lyrik und für ihre Prosa.

Bei Hebbel hat das nach seinem Weggang aus Friesland in Wien auch umgekehrt funktioniert.

Die Bernauerin ist ja schließlich kein friesisches Thema, sowie meine Agnes Stöcklin kein Thema aus der Lausitz ist.

Die Beweglichkeit der Gedanken schafft es nicht allein, da ist auch Anpassung vonnöten; auch in der Fremde also zu Hause sein.

Ein völlig neuer Schreibstil kann dabei herauskommen, der sich dann nicht nur nach einem Trend richtet.

Darauf zuarbeiten ist mühsam; nur der Zufall vereinfacht alles.

*Ellenbogen*

Für Deine umfangreichen Zeilen, liebe Madeleine, bedanke ich
mich erst einmal mit dem Sylter Leuchtfeuer am Ellenbogen.
Noch ein Zitterbild !

Ganz liebe Grüße

# GÜNTER BAUM

Schriftsteller
Kappelbergsteig 52   D-91126 Schwabach
Tel. und Fax 09122 / 7 81 08

05.01.05

Liebe Madeleine,

nein – aber man wird einer billigen
Zeichnung und zwei […] […]
[…] ich nicht auf deine vielen Zeilen
antworten.

[…] von Dir in einem inneren
Monolog – besser wenn man Dich
nicht [kennen] kann.

Und einiges weiß ich gar schon.
Zum Beispiel das mit dem [Strauß] auf
dem Tisch und dem über-die-Schulter-
schauen.

Ja, ja – [Margo Ruth] hat es [mir] gegeben.

Die [wachsende] Gleichgültigkeit […]
[…] Beim Blick über die
[…] [Flüsse] [träumen] mich
vielleicht die [vorbeihuschenden]
[…] in [Zügen], Küche und Pferde […] –
[…] und den [Atem] in [Flamme-] […]
[…] bei dem Träumen und Wirklichkeit einen ständigen Wechsel […] –
[…]

[…] Es wird noch immer von Dir
in die [Flamme] gegeben, und den Vorsatz, einer Virginia Woolf, in einem
bestimmten Lebensabschnitt Bücher
zu schreiben statt […] aber dann
mit Steinen in den Taschen den Auf-
bruch des Wassers überlistete, ist
nicht überzeugbar.

– 2 –

Das Schreiben ist Suchen, und das
Streicheln über den Rücken Deines
braven Hundes soll zu wohl heißen,
daß die meisten Worte erst noch
geschrieben werden.

Ganz anders bei Günter Grass, bei
dem die meisten Worte bereits geschrieben wurden, und der mir mit
der Schlechtsammel beweisen wollte,
daß er mich steigern kann, wenn
ihm nach meiner unmaßgeblichen
Meinung nicht gelungen ist.
Aber weil die mit ihm mehrfach det
ART war, Drum wäre Polizeischutz
nötig gewesen.

Mein Sylter Tagebuch, das mit dem
Tod der Ursuli Benttern beginnt, werde
ich überarbeiten und es irgendwann
herausbringen.

Für heute grüße ich Dich
ganz viele
Günter

Grad traf ich den Nachbarn,
er wollte zum Strand,
den Kragen nach oben,
den Hut in der Hand.

Es sei ihm zu windig,
das Haupt zu bedecken,
eine Hand sei ja frei –
in die Tasche zu stecken.

Er geht in die Kälte,
ich blicke ihm nach
und frier in Gedanken
noch Minuten hernach.

Ich wollte ihn warnen;
- der Grog müßte steif sein
und nicht seine Glieder.
Doch um ehrlich zu sein,

ich sagte Moin Moin nur -
nur Moin Moin - -

Jedesmal ist es eine Musik.

der ich mich hingebe,

wenn Meer und Möwen

mich eindringlich überreden

doch jetzt alles aufzunehmen.

in mir zu speichern – zu genießen,

da ja der Anspruch auf Ewigkeit

keinem Lebenden gegeben ist.

Aber noch höre ich sie -

- die pausenlosen Klänge,

die nur schwächer werden.

wenn Wind und Möwen schlafen,

dann schweige auch ich –

Liebe Ginni,

Termine über Termine –

– auch ich am 2.0. bei "B. & B's"
Salon eingeladen. Das ist eine
feine Runde .... freue mich.


– Sylt ist mir zebet für 17.3. –
voraussichtlich 14. 4. erhört worden.
Dann –> ~~Fach~~klinik Sylt für Kinder +
jugendliche
Steinmannstr. 52 – 54
25980 Westerland/Sylt


Also auf die Kopf fertig los.
Gruß ...

Während Madeleine sich mit dem Sohn auf Sylt vorbereitet, klopft Bush im fast grenzenlosen Europa viele Schultern – unberührt davon, daß auch die Arbeitslosenzahlen sich grenzenlos verhalten.

Gejagt werden die letzten Schurken dieser Erde genau mit den Mitteln, die ausreichen würden das Heer der Hungernden satt zu machen.

Aber oft werden Menschen zu Schurken, weil sie nicht satt oder verstanden werden.

Nichts scheint schwieriger für den Menschen, als mit Menschen auszukommen.


Über den nächsten Sylt-Aufenthalt aber entscheidet der Gesundheitszustand von Waltraud.

Vielleicht müssen wir ja auch die Erinnerung bemühen.

Und davon haben wir reichlich.

Der Papst war gestorben, Waltraud machte nach längerem Aufenthalt im Krankenhaus wieder sehr erfolgreich Gehversuche, und in der Post war eine Karte von Sylt.

„ Lieber Günter, der Laptop hält für Dich hoffentlich ein paar Schätze - - „ Natürlich bin ich auch ungelesen bereits überzeugt, solche von Madeleine zu bekommen.

Eine angenehme Ergänzung meiner eigenen Ansichten soll es werden. Eine Abrundung. Aber lassen sich Ansichten überhaupt abrunden ?

Eigentlich nicht. Denn jeder hat seine eigenen und bleibt auch dabei.

Trotzdem – oder gerade deswegen – bin ich gespannt auf Madeleines Eindrücke. Wieviel Schweizerin wohl noch in ihr steckt, wenn sie das Flachland und die Insel beurteilt ?

Vielleicht aber ist ihr Wohlwollen auch abhängig vom Wohlbefinden des Sohnes, der ja hier auf der Insel eine Kur erfährt.

Bin ja selbst auch zugänglicher für die Reize dieser Insel, wenn es Waltraud gut geht.

In wenigen Tagen werde ich es wissen.

„Lieber Günter, bin langsam am Rückkehren, auftauchen fällt mir schwer - - „

Madeleine signalisierte mit diesen Worten auf einer Karte das Ende ihres Sylt Aufenthalts, und natürlich wartete ich auf ihr Auftauchen, denn sie würde und wollte mit Eindrücken für mich auftauchen – eingebettet in einer für sie typischen Wortwahl.

Sie garnierte ihre Rückkehrmeldung mit einem Spruch von Dschalaluddin Rumi:


„ Wenn das Schiff am festen Strande hinfährt auf dem Wogenpfad,

  Glauben die im Schiff manchmal, was da fährt, sei das Gestad.

  So auch wir, deren Schicksal im Vergehen nur besteht,

  Glauben doch auf unserer Reise: Wir bestehen; die Welt vergeht. „


Ich merke schon, hier wird mir das Salz gereicht für meine fade Suppe.

Wenn ich aber bei dem Gedanken bleibe, dann fährt Franken gerade auf Madeleine zu.

Sie wird also auftauchen –

Mit einem Schatz ankommen, das wäre früher aufgefallen.

Heute kann man ihn in einer Diskette verstecken; wie ich ihn von Madeleine erhielt.

Aufzeichnungen, Eindrücke. Und die begannen so:

I

- **ankommen**

   gekommen sein

mit einer hand

voll viel

zu viel unbekanntes

auch an

sich selber

verlangsamt

den dritten schritt

das schauen

über die schulter

   gerade

die wege

des augenblicks

in den würfeln

   hier

mit den fingern

   geworfen

die punkte

reich

II

- vergiss nicht dem meer gute nacht zu sagen & ihm am morgen einen guten tag
zu wünschen dich von seinem rauschen begleiten zu lassen & dich nach dem
wind auszurichten dastehend mit ausgebreiteten armen als könntest du einer
möwe ähnlich gleich über den horizont hinweg gleiten & stumm das leben
betrachten wenn es alles gibt was du in dir vermisst


III

- würde

noch eines reichen

hätten es

die stimmen

tief gesungen

aus dem

was zuletzt

hin und wieder

unbedeutend

überzählig ist


lieber günter

antoine und ich haben am samstagsmarkt osterglocken, aus einer zwiebel
wachsend, gekauft. – sie stehen auf unserem zimmertisch, sind uns sonne sind
uns was weiss ich, mitbewohnerinnen. – wir werden sie mit nach hause nehmen,
das hat antoine gemeint, gesagt.- ja klar, das werden wir.
- also sind wir hier mit einem gruss aus dem draussen – ein junge, den wir im
zug von hamburg-altona nach westerland antrafen, der sagte, er besuche seinen
onkel und bei diesem würde es nach blumen riechen. – ich schaute aus dem
zugfenster, suchend durch das trübe wetter hinaus und fragte mich, wo es hier

wohl blumen gäbe.- konnte nichts dergleichen sehen, nicht einmal ein treibhaus, sah nur trübes wetter und eine ödnis, eine ungewohnte landschaft, kargheit, vereinzelte häuser, zäune, unebene wiesen, schafe.

- heute abend sitze ich zum ersten mal vor der tastatur, versuche zu schreiben, meine gedanken niederzuschreiben - - -

- - - ich bin noch nicht recht hier angekommen, vier wochen zu bleiben erscheint unwahrscheinlich lang. – was soll ich in der zeit alles tun ? ich bin keine weltenbummlerin, eher eine, die lieber zu hause sitzt – verreisen, mag gut und recht sein, gelegentlich ja warum nicht, warum nicht die weite welt sehen, anderen kulturen begegnen, menschen kennenlernen. – es mag gut und recht sein, ich habe nicht das reissende fernweh, mehr den stalldrang.

- aber gut, soll ich nach vier tagen schon ein urteil fällen ? nein. – ich sollte mir zeit lassen - - -

- - - doch, ich genoss die letzten drei tage mit dem sonnenschein, dem milden frühlingsanfang. – ich genoss das schauen auf das meer, den abendhimmel. – ich mag diese luft hier, die leichter ist als in n., die viel feiner ist, die auch anders riecht, ganz viel anders. – wohltuend auf alle fälle. – und ich freue mich, wenn antoine am strand entlang geht rennt und mir zuruft, dass ich nicht so nahe ans wasser gehen soll weil, wenn eine welle käme, das wäre gefährlich und ich solle doch mal schauen kommen, er hätte hier eine muschel gefunden, ganz viele muscheln hätte er hier gefunden und er sammelt sie alle auf und will sie mit nach hause nehmen, will sie mit in den kindergarten nehmen für seine freundinnen und freunde. – und es ist schön, wenn er zu mir kommt, die hand in meine drückt und wir gemeinsam durch das wasser gehen, unsere in stiefel gepackte füsse vom wasser umspülen lassen, wenn antoine sagt der sonnenuntergang das abendrot und morgen wolle er den sonnenuntergang sehen – ja dann steh mal früh auf mein lieber – und natürlich will er dafür früh aufstehen. – danke.

- samstag haben wir eine ritterburg aus sand gebaut, das heisst, am ende war es eine wasserburg weil antoine der ansicht war, die wellen würden immer näher kommen und die ritterburg überschwemmen, also kann das keine ritterburg sein, nein, das ist eine wasserburg und wir haben sie rundherum mit muscheln eingeschmückt. – es war ein düsterer tag, der wind ging heftig, aber wir hielten es unbeirrbar aus.

- - - - bis wieder, derweil. – m.

## aller tage alles

mitten drin

bin ich

mitten drin

in aller tage alles

und ziehe

einen kreis

um den lauf

das rund ich gehe

eingeflochten in die zeiten

was sein und haben

geschenkt genommen

verloren vergessen

und aufbewahrt haben

aller tage alles

und auch

der sterne nacht und schatten

in diesem dieser

mutig auf das morgen

wartend horchend

auch das glück

ein kleines grosses

das lächeln

weinen angstvoll sein

gehend wendend

schaue ich und halte ich

von hand finger

aufgehalten

aller tage alles


lieber günter

wieder einmal – eine woche nichts mit dem sekretär geschrieben, gestern ein

paar notizen in mein stundenbuch. – ich werde sie noch übertragen. – ich hatte

keine lust, war abends müde - - -

- - - ich werde in den nächsten tagen in die kirche gehen, eine kerze anzünden,
werde das tun müssen – eine kerze anzünden für sie, für ihre auferstehung,
für ihre erlösung. – für ihr gehen. – für ihr leben. – für ihr sein. – für sie –
meine oma.

- - - bin ich noch zu verstehen kannst du mich noch verstehen ? - - - wenn ich
könnte, würde ich nun gehen, der strand ist nicht weit, das meer ebenfalls
nicht, es ist weit und dorthin darüber hinaus in den sich teilenden wasser –

himmelhorizont könnten die gedanken sich bewegen fliegen zerstäuben, mein

herz würde heftiger schlagen, ich würde die pulsschläge durch die schnelleren

schritte verstärkt spüren, es wäre so wie früher als ich noch lief, laufen konnte,

bis mir die lunge fast weh tat, bis das herz fast überschlug – der atem kontrolliert

aus ein aus ein aus ein, dieses schnaufen hören die bewegungen dazu, mund
nase, atem aufbauend vom ersten bis zum letzten schritt aus ein aus ein aus ein

- manchmal ein blick auf die füsse auf die laufschuhe wie sie vorwärts greifen
jeden schritt jeder schritt noch ein schritt noch mehr ausdauer noch ein aus
ein aus ein immer besser immer weiter über den weg über sich mich hinweg
leistung ausdauer selbstbestätigung selbstzufriedenheit eigenes eigene
leistung – dieses atmen das mich begeistert hat fasziniert davon wie sich die
luft in die lunge presst wieder rausgepresst wird wie das herz dazu schlägt
der puls zu spüren ist die hitze auf den wangen der schweiss das prickeln die
muskeln die bewegungen aus den gelenken raus die füsse die abrollen die
hände die arme die mitschwingen
- und das enden aufhören mit laufen am ziel angelangt sein ausgelaugt und
doch nicht ausgelaugt einfach zufrieden kilometer runden hinter mich
gelassen mich gesteigert verbessert ausgerannt ausgelaufen wieder ruhiger
ausgeglichen den atem drosseln dehnungsübungen entspannen die schweren
beine spüren die arme in denen auch die anstrengungen zu spüren waren das
kribbeln bis in die fingerspitzen das douchen gehen erfrischen auflösen –
vielleicht habe ich auch einfach nur darauf gewartet, auf diese nachricht – oma
hat es geschafft.

**-und sag mir an**
was ist der tag die stunde
die mindeste das ganze
das morgen
und dieses unbekannte
zwischen leben und sterben

weißt was irgendwie verrückt ist ? die musik die ich mir anhöre.- es ist, vielleicht kann ich das so sagen, es ist meine lieblingsmusik von tinu heiniger, morgeliecht. – dieses album nehme ich immer wieder zur hand, höre es mir an – nehme sie mit wenn ich unterwegs bin.- meine heimatmusik, in zweifachem sinne.- vertraute worte, melodien, summe mal mit, mal zwischendurch wieder ein  zwei takte lauschend, dann wieder begleitmusik, gar nichts hörend bis wieder eine stelle ertönt, die mich wieder in die melodie das lied den text den gedanken dieses liedermachers zurück bringt. – ich überspiele sie dir auf kassette – übersetzungen gebe ich im nachhinein.- hör dir das album einfach mal an – verstehen wirst das was dir möglich ist, vom herzen aus gehend - - - so muß man sich fremdsprachige musik anhören, finde ich.- nicht erst übersetzen, was wird erzählt.- hinhören, das übersetzen ist das nächste.

- viele geschichten die ich höre, die mir erzählt werden.- da trifft der eine gedanke meinen meine, mein gedanke seinen seine.- das ist vielleicht das besondere an dieser musik an den geschichten.- mehr kann ich sie will ich sie nicht erklären.- einfach anhören.- zuhören.- mithören.- nebenbei.- dabei.

- von dem mann, der von einer geschichte träumen soll, die fein berühren soll, dass alles erst stirbt bevor es lebt – von der kirche die er aufsucht, von dem der von der kanzel predigt von gott und der welt – von seinem vater, der im sterben liegt, die erinnerungen, dass vater und sohn sohn und vater endlich frieden finden schliessen – andere erinnerungen, an den grossvater der den leuten nicht schon wieder von den bergen erzählen soll und er der enkel der endlich gehen will und auch selbst nicht von den bergen irgendwas hören will – von dem liebeslied, dem mit der überschrift traditionell -

- ich muss ihm mal schreiben, ihn vielleicht sogar besuchen – er wohnt nicht weit von dort wo ich aufgewachsen bin.

- es ist kurz vor zwölf. – ich bin nicht so weit mit erzählen gekommen wie ich

vor hatte. – nun gut, das hätte mich auch verwundert wenn ich mich

sozusagen soweit so kurz gefasst hätte dass alles angesprochen

angeschrieben worden wäre was sich mir im kopf annotierte. – es wird

wieder zum gruss kommen, derweil viel gutes. – m.


**komm**

lass dich gewinnen

für ein tanzendes spiel

sausend in der luft

dieser luft die

das wasser kitzelt

den sand verwirbelt

und über die träume trägt


lieber günter

so, habe umgestellt. – nun steht der sekretär auf dem fernsehtisch, so ist er nicht

mehr in den schrank verbannt, aufgeräumt, nun auf eine art immer griffbereit. –

der fernseher bekam einen platz auf einem schemel, zum schauen vom bett aus

muss ich ihn noch höher stellen, die bettkante ist auf augenhöhe. –wird auch

noch irgendwie. – so habe ich nun einen kleinen schreibtisch, grandios, denn der

couchtisch ist so ein allesfunktionstisch, spielen zeichnen zwischenmahlzeiten

einnehmen, ich müsste abends immer umräumen und den computer rausholen –

du weißt ja, bequemlichkeit ist auch was. – antoine wird schauen wenn er diese

veränderung sieht. – er hatte mir ja schon gesagt, ich müsste noch den computer

auspacken. – staunen, er wusste dass ich einen computer mitnehmen werde und wollte diesen schon zuhause austesten, war gerade nicht der moment dafür, auf sylt dann.- gut – du musst den computer noch auspacken, wirklich, ich denke, er weiss auch dass so ein teil zu meinem alltag gehört, ha !- mein spielzeug.- also, nun bin ich umgerichtet und – seien wir gespannt wie ich das nutzen umsetzen werde.

-------------------- ich werde diese tage ein fahrrad mieten gehen.- ich hoffe, das begeistert antoine auch dann noch wenn er aufsitzen muss.- und so etwas über den momentanen radius hinaus gelange.- gewiss, ausflüge plane ich auch noch, in erster linie wenn die ferienzeit vorbei ist.- haben gutscheine für das meerwasserdingens, dieses fischaquarium.- darauf bin ich gespannt – wenn antoine einem richtigen hai ins gesicht schauen kann.- dann für schifffahrt seehundsbänke, werde die tour ab hörnum nehmen.- das also unbedingt.

- in die sylter welle könnten wir auch noch gehen, aber ich bin keine hallenbadbegeisterte -----------------------

was ich noch überlege, ob ich mit antoine auf eine piratenschifffahrt gehe.- könnte ihn sicherlich begeistern, denn piraten sind beim playmospielen immer wieder mal aktuell --------------------------

nun sitze ich hier an meinem schreibtisch, meinem neuen arbeitsplatz ----------

habe die verwelkten osterglocken rechts stehen – mag diese verwelkte ästhetik.- verwelkte blumen, ist auch schön, mag das, soll auch sein.- links das adressbuch, etui, schere, buntstifte, muscheln liegen da, kleine muscheln – antoine sagt babymuscheln - , ich werde sie briefen beilegen ----------------

der sonnenuntergang war schön.- die sonne verschwand nicht hinter dem meer, sie tauchte hinter den wolken ab.- wolkenbilder, wie wild gekämmt, zerzaust, rundungen, kleine und grosse fetzen, schwarz grau gerötet violett, abendfarben.- wie sich das licht die farben verändert, die form des meeres der wellen, die form des himmels der wolken.- blaugrau.- nach dem klang dem ton den geräuschen habe ich noch nicht gelauscht.- verändert sich klang ton geräusch auch ?

- - - - - - - - - heute hat mich das fast mit wehmut erfasst. – noch zwei wochen, die sind ja schnell vorbei rum aus schluss. – ach madame, du bist mir eine – weißt du überhaupt was du willst ? jetzt meine ich, werde ich es schaffen das eine und andere zu schreiben, vor allem das was ich vorhatte ? ach, lass einfach geschehen, das nichtgetane nimmst mit nach hause – ha ! und dort erwartet mich dann wieder die organisation, ausdiebaus – nein, werde mir vornehmen das dieses jahr mal endlich weniger werden zu lassen und mit meiner schreibe produktiver zu sein.

- also los von rom.

- besser, jetzt ist etwas besser.

- seufz.

- schnauf.


- **strandgutellipse**

I         das lob der stille


- tags am meer

an      auf

den horizont

        geschaut

die linie im bogen geschwungen

strenge wasser himmel

der beiden teilung

doch zugehörig


unerreichbares erreichbar

nahe

        fremdes

rage ich

     aufgeschaut

in dieses sein hinein


nachts am meer

an     auf

den wasserläufen

       gehend

den himmel zur wölbung gezogen

tiefe sterne wasser

der beiden ferne

doch zugehörig


unerreichbares erreichbar

nahe

       fremdes


stehe ich

     auf tausend körner sand

der worte einsam

nicht gewahr

nur stumm im engsten

aus der stirn geraubt

vertanzt das der stille lob

im letzten augenblick

des tags am meer an

des nachts auf wiederkehr

II       webfaden erinnerungsstücke

- es gibt nichts.- alles ist vergänglich.- die schritte über den sand, das hinterlassen von spuren.- entweder vom wind der den sand wirbelt wieder zugedeckt oder vom wasser von den wellen wieder weggespült.- ausgemachtes, auch mit mir und den schritten die ich gehe.- jeder schritt in einer zeit, drei vier sekunden von hinten nach vorne ein schritt der tritt, mit dem linken fuss, mit dem rechten fuss.- auf meinen füssen die gelenke, die beine, die hüfte der bauch die brust, hals schultern arme und hände, frei hängend oder in den jackentaschen eingesteckt, kopf gesicht, stirn mund nase augen ohren.

- denken schmecken riechen sehen hören.

- der mensch tut.

- ich.

- dieses.

- ausgemachtes.

- die zeit, immer wieder, die zeit.- das ich.- schier fremd in diesem gehen, nicht anwesend, abgewandert hinterherlaufend.- streunend verloren.- nicht sein sollen nicht sein wollen.- abschalten.- die gedanken nicht denken, als wäre wegschauen die einzige loslösung, das freie die freiheit.- ausatmen.- einatmen.- anhalten, umdrehen, halbe körperdrehung hin zum meer, die augen schauen über das meer das wasser über die weite bis sie zum horizont gelangen, der geraden linie entlang streifen hochziehen weiter weiter bis der kopf in den nacken fällt der himmel ins blickfeld rückt, nur der himmel.- der himmel am tag der himmel bei nacht.- das helle das dunkle.- da sind tags die geräusche weil andere auch da sind und sich bewegen und rufen und gehen, weil ein anderes leben stattfindet.- dann, nachts in die stille versunken.- aufgehoben alles tun, schlafende gestalten in den häusern hinter den dünen.- mehr ist es nicht.- nur die zeit, immer wieder, nur die zeit.

- und der kopf richtet sich auf, geht den betrachtungen zurück, der weg wird fortgesetzt, die schritte werden wieder aufgenommen, das gehen.- dazu die hände tiefer in die jackentaschen stecken, sich selbst eine umarmung zugestehen, nach den gegenständen greifen die sich ebenfalls in der tasche befinden, meist der wohnungsschlüssel, eine packung zigaretten, feuerzeug, nastuch, ein paar münzen.- die gedanken werden griefbarer, vielleicht.- vielleicht summt ein lied, taucht eine erinnerung auf, sinkt wieder ab, stille alleine sein.- mit sich.- mit sich und der welt und mit gott, dieser da sichtbar diese welt dieses sich, denn da ist dieses eine dieses nur dieses die zeit das vergängliche das wenige das viele, unbegreifliches verständliches von einem eigenen lächeln durchzogen, webfaden erinnerungsstücke.- die erschaffung der erde, da vor sich meer und himmel mit horizont, ein horizont der teilt ohne eine teilung zu sein, der abgrenzt und doch zusammen hält.- zusammen fügt.- vielleicht einem spiegelbild ähnlich, das eine greifbar das andere nicht.- fiktion utopie traum.

- wunsch.


- lieber günter

- bin erschöpft – gut erschöpft.- habe nichts an gedanken und doch ist vieles im kopf drin.- ich habe gerade das gedicht „strandgutellipse", das ich gestern nacht entwarf, ausgearbeitet.- dieses gedicht soll eine folge bilden zu meinen gedanken am strand – wie es sich weiter entwickeln wird weiss ich noch nicht, bisher habe ich meine gedanken und meine beobachtungen während dem sein am strand nicht notiert, versuche es im kopf zu behalten, denn meistens halte ich in den händen irgendwelche fundstücke, das meiste davon muscheln, also keine hand frei für stift und notizpapier.- manchmal ist es mir auch zu mühsam, den stift aus der tasche zu nehmen notieren in die tasche zurück – und denke ich mir auch, wozu ?

wozu in einer notiz festhalten wenn es doch dabei in diesem betrachten schon vergänglich ist, vergänglich genug und sein soll.- was mir begegnet mit dem gedanken, merke es dir, versuche es, ausreichend, und ich das belächle mit dem sinn einer dankbaren freude.- da ist es da ist ein etwas, eine art auffälliges, es ist mir begegnet,

entweder es bleibt oder es geht wieder.

- festhalten.- loslassen.

- loslassen.- festhalten.


-------------------------------------------------- von georg danzer gibt es ein lied, das heisst strandhunde —ich habe den wortlaut nicht im kopf, das lied schon lange nicht mehr angehört.- strandgut, strandhunde – diese beiden worte mit einem vielen an sich in sich mit sich für sich, diesen gehe ich nach, spurensuche.- gehe ich am strand, schaue ich nach muscheln aus, schaue ich ebenfalls nach anderen fundstücken aus.- das eine oder andere hebe ich auf, halte es in der hand, stecke es ein, trage es nach hause.- sie sind auch notizen.- sammle sie in einem kübelchen, eines abends werde ich sie hier ausbreiten, sie erzählen lassen, niederschreiben das gehörte.

- genug.- nachtgruss, gute träume auch deiner nasenspitze.

**wortreihen vertreten**

gestrandetes

oder in seenetzen eingehangen

perlen bordüren


das danach ist weiter


verläuft zur spitze

wird nichts

taucht auf

ab

wieder im blickfeld

eingeschlafen ein kind im kinderwagen

der grüne seidenschal am hals gewickelt flattert im wind

die haare dazu

die hand ausgestreckt rieselt der wind über ihre fläche

nur sand vor augen

wie es in der wüste wäre

farblich gefragt mehr gelb wohl

und das meer blaugrau

der himmel kaum anders

getönt

sonnengläser zum schutz der augen

bojen schaukeln

die menschen stapfen zur promenade hoch

schatten ziehen sich ihren füssen entlang

möwen kurz im flug

jagen sie nach zugeworfenem

und warten wieder

auf dem wasser gelandet

entfernt von einer baustelle ein bagger

dessen geräusch zerknallt das wellenrauschen

folgend hammer schläge fünf sechs

pause

wieder

eine mutter ruft ihr kind

paare gehen einzeln nebeneinander einher

und ein hund kriegt seinen ball geworfen

bellt rennt wird gepfiffen

und nur der leuchtturm hat

eine beobachtende

einsamkeit


**aschenhaupt**


und


ich


kann noch leben


da

der spiegel

dieses

blass getunkte gesicht

mich

sich

beschaut

und der herzschlag

sich vertieft

und die hand

sich legt

ein mosaik

aus

gebet

und flehen angst

bilder reigen

aller stücke die erinnerung

damals gestern heute noch

du

noch morgen

übermorgen

hoffnung wille

aller vielster

kerzen

der gebortstagstorten

auszupusten

bis höchstes ende

haucht

und

senkend in ein grab

die letzte habe

die

meines

seins

über

mich

sich

legend

das

aschenhaupt


lieber günter

----------------------------------------- wir haben uns mittwoch ein fahrrad mit

nachläufer gemietet – wie fantastisch und wohltuend, wie sich damit unser

radius vergrössert.- gestern fuhren wir nach rantum, waren am deich, sahen das

meer von der anderen seite.- die stadt selbst nicht gesehen --------------------

nächste woche plane ich endlich die schifffahrt nach hörnum zu den

seehundbänken ein.- nach list, zu deinem leuchtturm ellenbogen werden wir

nicht fahren -------------------------------- im weiteren werde ich mit antoine ins

sylter aquarium gehen, das ist mir wichtig.- die meereswelt sehen und gespannt

sein, wie antoine reagieren wird, wenn er einen haifisch in echt vor der nase

schwimmen sieht -----------------------------------------------------

heute vormittag radelten wir nach tinnum, im gemeindehaus gab es einen

kinderflohmarkt. Leider etwas dürftig ausgefallen, mehr kleider ( ah siehe an, da

liess sich noch was für seine grösse finden ) mehr alltagsgegenstände für die

grossen als so richtig tolles spielzeug für einen jungen. Antoine fand einen

flieger, einen silbrigen bombenflieger. Ich hatte geseufzt, muss das wirklich sein

also wenn du meinst – was soll ich gross widerspruch einlegen, es gab einerseits

nichts für ihn und es wäre eine riesenenttäuschung gewesen ohne etwas zu gehen ( auf flohmärkte geht er auch gerne, war begeistert als wir aufbrachen ) und mit seinen legosteinen baut er fliegers um fliegers, fliegers die bomben haben, raketen, die ballern schiessen tätschbumm. Also ist es fast schon einerlei ob er diesen flieger bekommt oder ob ich pazifistin nein sage.

-------------------------------------------------------- inzwischen geniesse ich das hiersein.- ich erhole mich ein stück weit doch auch, spanne aus.- seit ich den schreibtisch habe, seit wir mit dem fahrrad ausflüge unternehmen – und vielleicht auch der tod von oma - - - erleichterung ist eingetreten. ------------
wir haben auch wunderbares wetter.- die sonne scheint und scheint, es wird wärmer und wärmer, der wind wird mit jedem tag milder – einfach eine wohltat.- der frühling wird auch langsam ersichtlich – nun blühen auch die grossen osterglocken, die kleinen blühen schon länger, die krokusse die schneeglöckchen.- die knospen an den buschrosen werden grösser, ich sah schon erste blüten an irgendwelchen sträuchern und siehe, es gibt hier auch laubgewächs, den einen und anderen buchenhaag gesehen der seine blätter ausstreckt.- und nach dem abendessen noch einen kurzen spaziergang am strand zu machen, sonnenuntergang beobachten ---------------------------------------
vielleicht bin ich nun auch irgendwie hier angekommen – weiss welche strasse wohin führt, wenn ich etwas in der stadt einkaufen muss dann steuere ich schon den einen und anderen laden direkt an. ---------------------------------------
---------- gestern --- am meer ----- oh war das gut.- als ich am strand ankam, mich in den sand setze und ein paar mal durchschaute durchatmete, uh, wie es mir gut ging.- ganz gut.- und ich habe mein notizheft vorgenommen und ein paar gedanken notiert.- diese bearbeite ich nun.
- derweil, gute wünsche dir, salut.- m.

lieber günter

habe probleme mit den augen bekommen – vermute eine bindehautentzündung, der wind und das licht wohl ausschlaggebend, behandle mit euphrasiatropfen, wenn diese nicht helfen, werde ich ärztliche behandlung aufsuchen müssen.- musste heute eine zahnärztin aufsuchen, mein oberer hintereck milcher – jaja, noch ein milchzahn und jaja zwei, mein mund hat wahrlich gold im mund, ich könnte einen halben roman dazu verfassen – fing wieder das rumoren an.- bin ja mal gespannt was mein hauszahni zu diesem seinem zustand sagen wird, wenn ich ihn ende april konsultiere --------------

antoine und ich radelten heute wieder.- kampen angesteuert.- zeitlich war es zu knapp für die vogelkoje ----------- kampen aber erreicht, dort die uwe-düne erklettert – viele treppen, ich schaff es nicht mamma und auf halber treppenhöhe sass eine ältere frau, die kam später zu antoine und meinte, he junge du hast das aber prima geschafft mit dem treppensteigen.- ich grins, natürlich auch ein grinsender stolz, und antoine ganz verlegen.- die frau weiter, weißt, ich musste ja eine pause machen, aber du hast es in einem aufstieg geschafft.- sicherlich eine mutter grossmutter, die kennt wohl solche sätze.- na ja, das grosse gejammer war es ja nicht, mehr so dieses seufzende und vielleicht lässt sich mamma ja mit solchen sätzen um den finger wickeln und hat grosses grosses erbarmen -------

schauten über das land, die insel, liess antoine noch durch das fernglas schauen, leider nicht gerade einfach mit dem dreikäsehochheben und das fernglas so von hand herrichten, dass er nicht nur himmel oder nicht nur treppe sieht.- schlecht angebracht dieses geldfressende tourisfreudikum, wenn du richtung süden schauen willst, weiss nicht wie man das teil vor die augen setzen soll weil sich dahinter die brüstung befindet.- sind danach noch zu den roten klippen gegangen, antoine wäre gerne an den strand runter gegangen, ich suchte nicht lange nach einen möglichen abstieg, gingen wieder zurück zu den fahrrädern und von dort rechts um wieder heim zu.- gegenwind und ein geringer mitradler, eher fahrgast, eher wackelschaukel.- ich trete während unserer radtouren teils schon das doppelte an weg.- sozusagen, muss jetzt ein wenig angeben. -----------

-----------------------------------------------------------------------

nach einer woche frühlingshaftem sonnenschein, dem aufquellen der knospen, dem erblühen der osterglocken, dem verstärkten vogelgezwitscher, hat heute abend regen eingesetzt.- das meer rauscht lauter, seit dem gestrigen abend.- ein nebelartiger dunst hängt über der landschaft, die luft ist schwerer und kühler geworden.- ich habe mir heute eine tageszeitung gekauft, die nachrichten aus dem radio höre ich selten.- die insel ist das leben.

- während der ersten tage hier anwesend empfand ich, des anderen klimas wegen, eine grosse müdigkeit.- hätte die tage verschlafen können, unterbrochen von den gängen an den strand, dem meer entlang.- erkundigungen in die stadt, einkäufe des notwendigsten.- abends las ich in den mitgenommenen büchern.- diese, vor der abreise aus meinem bücherregal ohne auswahl frei gegriffen entnommen, scheinen auf eine art begleitende zu sein ---------------------

die insel – was sie ist, was ist sie ? - sie ist keine wirklichkeit, sie scheint nicht zu sein, für mich nicht zu existieren.- sie ist irgendwas, mitten im wasser ein aufgeschüttetes erdreich, sand, gebaute bewohnte unbewohnte häuser wohnungen.- menschen.- solche, die sich während dem ganzen jahr hier aufhalten, ansässig und erkennbar in ihrer anderen art, an der art, dass sie sich anders kleiden, anders durch die strassen gehen, sich plötzlich weil man jemanden kennt sich noch am abend die begrüssung „ morgen „ zurufen winken und sich vielleicht noch kurz unterhalten.- andere die wie ich für tage wochen hierher kommen und wieder abreisen, erkennbar, dass wir die geschäfte anders aufsuchen, in den touristischen strassen gassen uns nach einer richtung erkundigen, an den ständern der boutiquen halt machen, schuhe betrachten anprobieren und uns überlegen, ob wir jeweiliges konsumgut kaufen.

- ich mag mich diesbezüglich nicht als auswärtige zu erkennen geben, versuche mich in den gleichen schritt einzufädeln – und behalte doch meine gewohnheiten bei.- ich grüsse nicht mit „ morgen „ , ich sage guten tag guten abend je nach tageszeit – während zuhause, wo ich ansonsten lebe, „ grüss gott „ gesagt wird, bin ich froh, dies hier nicht zu hören mich dessen nicht verweigern zu müssen.- und ich kann mich nicht verstellen, nicht so tun als ob, nein, ich bleibe eine fremde, zumindest solange wie ich nur erstmalig einmalig auf dieser insel bin.


- diese insel, sylt. – während der ersten tage nicht nur diese unmenge an erschöpfungszuständen und dem fernbleiben des gewohnten rhythmus, der vor allem zu späten nächtlichen stunden mein verweilen an meinem schreibtisch zu einem genuss werden lässt. – nein, alles das findet nicht statt.
- ich zog mich zurück, beschränkte mein tun auf das wenigste.- verschloss mich, zog mich zurück – und wäre am liebsten baldmöglichst und im grunde ohne ersichtlichen grund einer negativen erfahrung oder eines dringenden rückreisegrundes wieder abgereist.- zurück in den gewohnten alltag, in die gewohnte umgebung.- zurück aufs festland.- ich hätte auch getauscht, insel gegen berge.- hinein in die enge der täler und schluchten, das einnisten in die aufragenden höhen.- nicht diese weite, diese strände des geradeausgehen könnens, nein, berge anhöhen wipfel hochragende spitzen in den kleinen himmel in die entferntere sonne den entfernteren mond.- nur weg von der insel, die selbst mein inneres zu einer insel werden liess, schlimmer als mich in ein schneckenhaus des totalen rückzugs fühlend, erzwingend.- ich fühlte mich eingeschlossen, nicht gestrandet gerettet robinsonmässig um es in einer allzubekannten romantischen inselbeschreibung zu nennen.- ich fühlte mich weit weg von allem, der boden unter den füssen schien nicht sicher zu sein, wegspülbar wie die spuren die schuhabdrücke wenn ich am strand direkt an den

wellenwasserlinien entlang ging.- weggespült.- ein hin und her ohne gewinn ohne aussicht ohne beständigkeit, fussabdruck welle wasser linie – weg.- innerhalb weniger sekunden oder einer minute höchstens keine spur mehr sichtbar.- ausgewaschen.- existenzlos.

- kraftaufwand an sich an mich selber noch zu glauben zu hoffen.- eigenstolz.

- pokern.- pokern mit dem ankommen.- sich diesem eingeengten nicht wegkommenden unheillos gefangenem widersetzen.- nein.-ja .- ich bin.- ich bleibe.- ich gehe am strand entlang, wechsle in den sandstreifen der nicht von wellen angespült wird, aber der noch deutliche spuren hinterlässt, mich über den sand bewegen, der noch weicher ist – wie auf watte gehen, langsameres voran kommen weil die füsse immer wieder auch ausrutschen zur seite rutschen, keinen festen auftritt finden.

- tiefere abdrücke.

**selbsttheater**

noch ein stück

so wie der zucker in der teetasse

gerührt

die kreise des wassers

& das anschlagen

des löffels an den tassenrand

schlürfendes einnehmen

so gesehen auch

gebräu in den gedanken

nichts annehmen können

nichts loslassen

und keine mitte

zwischen gut und schlecht

noch ein stück

damit der schlaf

nicht auch noch ruhelos wird

noch ein stück

dass es an den mundwinkeln

zum entzücken gelangt

es muss doch gelingen

doch doch

& ach ja die alten tage

und dieses ego du

zieh doch rosa rot

die bilanz zabumm

schick weite in die enge

& schranken hoch

bahnhof zu


selbsttheater


so genau ja richtig so

noch ein stück

schon ein wenig besser

ja genau

noch ein stück



lieber günter

das meer die wellen sind heute abend ------ sehr lebendig.- unruhig würde wohl

auch als eine beschreibung möglich sein, aber ich weiss nicht ob das das richtige

wort ist.- es ist nicht stimmig genug.- am nachmittag war ich bereits am strand

und zu dieser zeit war die stürmische see bereits zu beobachten. ------------------

vor einer viertel stunde war noch ein wunderbares abendblau zu sehen,

durchzogen blau, der einzelne erste glitzernde stern – venus ? – ich kenne mich

damit gar nicht aus.- - ich kann auf den balkon treten und hören lauschen, meine

gedanken kreisen lassen ---- gewiss, nicht das gleiche wie sehen, nicht nur mit

den ohren wahrnehmen, auch mit den augen, weiteren sinnen.


- heute nachmittag mit antoine im sylter aquarium gewesen—es war interessant

und antoine war begeistert von den haifischen, vom zebrahai und vom schwarz -

-- - riffhai ( bei zweiterem habe ich versucht mir seinen vollen namen zu

merken, die schwanzflossen sind gegen ende hin schwarz, schönes schwarz,

auch sonst, ein edler hai ), er hat nur noch geredet schau mal mamma und er wollte die beiden durch die dicke scheibe immer wieder erschrecken.- der sägefisch löste ebenfalls einen redeschwall aus, im weiteren ein paar der farbigschönen eleganten fische.

- am abend mit ihm ein spiel gespielt, bei dem die hunde über das würfeln zu ihren würsten gelangen.- er hatte weniger würste erwürfeln können, noch einmal spielen, nein, zeit für die nachtruhe -------------------------------------------------------

----------------------------------------

ich vermisse ein wenig das mitbekommen des aktuellen tagesgeschehen.- mehr nachrichten hören  --------------- hatte montag mir eine zeitung gekauft, aus aktuellem anlass sozusagen, der papst gestorben – ja, nun endgültig endlich.- ----

--------------------------------- obwohl ich seit antoine geboren ist zum weltgeschehen einen ganz anderen bezug habe, meist gar keinen, die nachrichten sind mir zu stumpfsinnig geworden, schier immer das gleiche da und dort hauen sich die menschen politisch regierungsmässig bedingt die köpfe ein, ungerechtigkeit dies und jenes, fakten tatsachen fehlen meist – für mein bedürfnis – und, ich bin zu empfindlich geworden für all diese schreckensmeldungen.- kann es nicht mehr sehen nicht mehr hören.- aber informiert sein, das ist doch auch ein bedürfnis, herausfiltern was interessiert, was nach dem hören abgeschrieben wird, was verfolgt wird.- ich kann es dir auch so erklären, dass ich mich versuche vor diesem grausigen harten leben menschenumgang zu schützen – auf eine art sensibler geworden, empfänglicher für die tränendrüsenüberquellung, mir einen kleineren radius um die welt geschaffen, schon fast paradiesische zustände.- was vor antoines geburt interessierte abgeschrieben, weil ich mich einfach kräftemässig nicht mehr damit beschäftigen wollte konnte.- man könnte fast meinen, madame sei unpolitisch geworden.- träge, desinteressiert.

- du hast dieses thema von inselleben und doch wahrnehmen der ereignisse über den strand hinaus angesprochen – gewiss geht es im trott und verlauf weiter ---

---------------------------------- hier doch märchenwelt - -- liegt es an den boutiquen promenaden des reichtums ? – ferieninsel reichinsel insel abgeschiedenheit ?

ich weiss es nicht.- vielleicht, sehr wahrscheinlich hat es einen einfluss.


- keinen dönerstand gibt es hier – wäre vielleicht eine marktlücke, sofern das möglich ist, vielleicht würde hier gar niemand einen döner essen wollen weil das zuhause gegessen wird.- crepestände kannst dafür an fast jeder ecke antreffen – nun, andere länder andere sitten, so ist das wohl auch innerhalb eines landes - - - ach ich denke da schon mal an die ch, auch dort, man sagt dem „ kantönligeist „ - kanton ist wie in d ein bundesland, bundeslandgeist ( klingt aber nicht so schön). – jeder kanton hat seine tradition seine pflichten und rechte, seine gewohnheiten, seine gesetze seine rituale machenschaften menschen - - - anders ist es hier in diesem land auf dieser insel nicht.

- ich traf auch schon auf drei obdachlose, bettelnde, fast nicht für möglich zu halten und ich kann mir gut vorstellen, die stadt versucht, sie von den touriszentren fern zu halten, ist in n doch nicht anders.- staunte auch darüber; dass es hier ein haus für das leben mit hiv gibt – und das ist nun das, staunte, ja warum eigentlich nicht, hiv ist überall, also wirklich warum hättest du damit nun nicht gerechnet.- es ist so.- auch hier leben menschen mit hiv, hier geben sie sich einen treffpunkt und machen auf sich und untereinander aufmerksam.- aber irgendwie rechnest nicht damit, denn irgendwie ist das leben hier ein anderes, scheint ein anderes zu sein – warum ? – warum ist die bilanz doch eine andere ? – es ist so.- vielleicht weil du nur für eine absehbare zeit hier bist, weil der tagesablauf nicht derselbe ist wie zuhause, weil du die sorgen und nöte und die schlechtigkeiten und gutigkeiten zuhause zurück gelassen hast.- hier ist anderes wichtig – erholung abstand.- nichts wissen nichts hören nichts sehen, einfach sein.- ruhe.- ist es das – ist das der grund ?

störte mich der obdachlose bettelnde, den ich hier antraf ? – nein, er störte mich nicht, er überraschte mich aha gibt es auch hier und ich hatte genauso das gleiche unbehagen wie zuhause.- gibst was, gibst was weil vielleicht das schlechte gewissen hier noch grösser ist, schliesslich kann man sich den aufenthalt auf der insel leisten, unternimmt hier urlaub, gibt geld für schöne ansichtskarten aus, für das essen in edlen restaurants für kleider schuhe mitbringsel souvenirs.- ich meine jetzt etwas böse ausgesprochen, vielleicht geht es dir hier besser mit einem automatenkaffeebecher vor den zum schneidersitz gewinkelten beinen ? – vielleicht, vielleicht sind die leute freundlicher, legen eher eine münze in deinen becher.- vielleicht aber auch nicht, vielleicht eben gerade nicht weil der die hier, nein, kennt man von zuhause her zur genüge – auch so jemanden nichts gibt.


- der alltag ist hier ein anderer, die weltereignisse nicht – es gibt keinen unterschied, keinen unterschied in den ereignissen, aber doch ist es als würde das leben nicht existieren in diesem sinne wie ich es von zuhause gewohnt bin.-
----------------- das angebot der tageszeitungen ist an jeder ecke käuflich zu erwerben, also ist doch die welt hier anzutreffen präsentiert sich zeigt berichtet.- abgeschiedenheit, von wegen, gar nicht.- ------------------------------------------------
--------------- mir ist beim betrachten der seite mit den standesanzeigen aufgefallen, dass die namen für die neugeborenen und die namen der toten andere sind, andere namen, kein stefan kein michael keine sahra keine anna – nachnamen, gut, das ist irgendwie klar, aber die vornamen, ich finde das interessant.
- und westerland gehört zum zollgrenzgebiet.- interessant.-aha.- das habe ich eher als eine information aufgenommen.- mehr fällt mir gerade nicht ein.- zollgrenzgebiet.- welche bedeutung heute noch beim thema vereinigtes europa ? fragen fragen fragen die sich erst begreiflich machen und begreiflicher zeigen

wenn du dich über die rolle des gastes hinaus interessierst.- dies auf mein hiersein bezogen - ich möchte mich nicht vertiefen in das eine und andere, obwohl ich bei dem vierwöchigen aufenthalt merke, so gleichgültig wird das hier nun auch wieder nicht.- vielleicht liegt es an den entdeckungen hier, die so was wie eine meine unsere menschliche naivität aufklären. -----------------------

lieber günter

meine güte, ich habe dem sekretär eine woche auszeit gegönnt.- aber, doch doch, ich habe die letzten tage schon auch geschrieben – notizen zu papier, diese werde ich noch in getippter reinschrift anbringen.- ich schrieb ein paar briefe, schaffte es jedoch nicht, allen zu schreiben die ich auf einer liste vermerkte.- werden halt aus n. post von mir erhalten.- kann es nicht ändern.- und auf notizpapier entstanden einige gedichte, eine geschichte für ein pixibüchlein – ha! – wenn diese schriftereien was geworden sind, dann --- oh dann --- werde sie anschließend abtippen, eines nach dem anderen.- die zettel hebe ich auf, vergleiche veränderungen und vielleicht zu collagen am ende.- jaja, madame ist kreativ wie nichts. – stinkt eigenlob ?

--------------------------------------------------------------------------------------

----------- hätte gern mit dir einen briefwechsel geführt, so wochenpost oder tagespost, wie es gekommen wäre – austausch antworten auf fragen anregende gedanken.- dazu wäre entweder ein drucker im handgepäck nötig gewesen – schleppschlepp – oder ich hätte mich mal hier darum bemüht – war mir aber zu aufwendig, die sind nicht so servicegrossschreibend, ----------------------------------
----------- oder in der bibliothek auszudrucken, einfach zu teuer.- also , wir können ja noch nachholen was du mit meinem kritzelkratzel anfangen wirst kannst ?

wo war ich ?

also lassen wir das technische bürokratische.

ich war durch deine strasse gegangen, eine schöne strasse.- die roten backsteinhäuser erinnern mich immer wieder an duisburg, an oma, die ecke in der sie wohnte, ach dort hat es überall ähnliche häuser

ach, antoine sagte heute, gott hat die ganze welt erschaffen die dünen und den sand und die bauarbeiter hätten die häuser gebaut – ich wusste nicht ob ich laut lachend brüllen sollte über seine art des weltverständnisses, nein, nicht böse gemeint, einfach weil es so selbstverständlich einfach ist wie er das sieht und meint und sich vorstellt – wir grossen fast schon dummköpfe gehen zu sehr in die logik.- lernen ist manchmal nicht das beste – einfach auch deswegen, weil ich seine weltvorstellung so schön finde.- ich schmunzelte und antwortete mit ja. – also, ich ging durch deine strasse – abschluss findet sich ein.- ein letztes mal dies und das oder eben ein erstes mal und noch wichtig dazugehörend.- hier also – du immer wieder wege gehend.- gut zu wissen – die welt ist klein, triffst immer wieder auf berührungspunkte begegnungen mit anderen gleichgesinnten irgendwelchen menschen die auch mal da und dort oder hier und fern, dabei sind wir ja so viele menschen sieben millionen in der ch, wie viele sind es in d ? ich weiss es nicht, mehrere auf jeden fall und du triffst auf jemanden und gelangst miteinander ins gespräch – einen tag vor der abreise traf ich in der ubahn eine frau, die sprach mich auf felix an, ob ich für den hund auch bezahlen muss – jaja, die hälfte, kinderpreis, und auf dem sitz darf er nicht sitzen.- und dann erzählte sie mir, sie sei während ihrer kur auf sylt am strand gehend von zwei freilaufenden hunden angesprungen worden, die kamen auf sie zu und hinter ihr her, brave hunde, aber wohl war ihr nicht gewesen.- na ja, jedenfalls, ach sie waren auf sylt, da fahren wir morgen hin.- und sie, es sei schön dort ---- ja, siehst, eigentlich verrückt.

- ob ich die insel schön finde ? – ich weiss es nicht.- am samstag waren wir unterwegs, tagesausflug, erst runter nach hörnum, dort am strand ein wenig gegangen, dann aufs schiff, fahrt zu den seehundbänken.-

oh, das war eine fahrt, geschaukelt hat es fast schlimmer als auf einer spielplatzschaukel.- antoine war es gar nicht mehr wohl und ich musste ihm eine spucktüte besorgen.- aber es ging alles gut.- dann fuhren wir rauf nach list, noch kurz dort am hafen gewesen, ins eiscafe gegangen wo er sein eis bekam.- unterschiedliche landschaften, innerhalb dieser insel, wie viele kilometer, viezig? – ich staunte.- aber gut, so ist das eben – in der ch ist das nicht anders, selbst in n. kannst das sehen wenn du übers land kutschierst.- die obere hälfte der insel gefällt mir besser, weiss nicht konkret warum, habe es während der busfahrt hin und zurück nicht heraus gefunden.- aber sonst – mir hat es zuwenig bäume, zu karg sieht die landschaft aus.- würde gerne wissen, wie es aussieht wenn hier die buschrosen blühen, wenn es sommer wird und ist, auch der herbst der winter.- der frühling sticht nur langsam aus seinen häuten raus, sonntag und montag schien die sonne wieder warm und mild, das hat spriessen lassen, aber es geht langsamer als bei uns.- zu windig ist es mir, viel zu windig – es ging mir ja auch auf die augen, vielleicht deswegen nicht begeistert vom wind.- mag es brausen und blasen – aber jeden tag ? – meine starke bindehautentzündung liess mich auch von der arbeit am computer abstand nehmen, an einem abend ging gar nichts, da schwammen selbst die handgeschriebenen buchstaben auf dem papier gleich davon.- so ein jammer, echt.- war dann montag noch beim augenarzt und dort sass im wartezimmer eine ältere frau, kamen ins gespräch, sie wohne hier seit ihrer geburt, ihre eltern seien aus hamburg hergezogen, ihre schwester auch mit auf der insel, ihr sohn, ihre schwiegereltern sind von der insel.- sie lebt sehr gerne hier, mag es wenn im sommer die touristinnen und touristen kämen, obwohl es teils auch lästig sei, so viele menschen, aber die insel hat diese kommenden und verweilenden und gehenden auch nötig.- scheint hier so zu sein wie in einem ch bergdorf, man ist stolz auf seinen flecken heimat und weiss was man hat und braucht, den fremden meist wandernde, eben die touristinnen und touristen, ihnen gegenüber ist man freundlich. ----------------

- heute nachmittag mit antoine --------- nochmals an den strand ------- ein strandkorb ---- dieser frei, wir rein und sassen eine halbe stunde lang in dem strandkorb, plauderten miteinander oder hielten monologe – antoine laut ich leise im kopf – schauten auf den strand das meer den himmel, es war schön.- ein schöner abschluss, ruhig gemütlich einfach für sich und uns.- - gut, donnerstag morgen werden wir gut zeit haben vor der abreise, vielleicht dann nochmals schnell hoch und schauen und fest ade winken.

- heute abend habe ich ein erstes packen angefangen, sortiert.- morgen werde ich alles ausräumen rein in die koffer taschen, vielleicht auch den sekretär, mal sehen, will zur sicherheit noch eine kopie auf diskette ziehen – nicht das was verloren geht.- wäre um das eine und andere wirklich schade.

- und ich habe meine schatztruhe gefüllt, alles aus dem kübelchen in eine schuhschachtel gelegt.- erst dachte ich, ich schicke dir das dann zu, werde es aber persönlich überreichen weil es sind auch steine mit drin und von mir zu dir, postalischer weg, uh das könnte traurig enden.- diese schatztruhe werde ich auch noch vom inhalt her ausschreiben anschreiben beschreiben – und natürlich, ich werde sie schön collagenmässig noch einhüllen.

- ich freue mich sehr auf das heimkehren - ---------------------- stalldrang, benötige meinen rhythmus, meine gewohnheiten meine vier wände – my home is my castle – den hund, wieder richtig spazieren gehen, oh, das wird gut tun.- benötige das festland, dieses inselleben ist nicht meines – dazu an anderer stelle noch mehr.

- was ich noch sagen wollte, merke auch, ich hätte gerne nicht nur mit dir mehr kontakt gehalten in dieser zeit, wäre gerne so ein bisschen wie journalistisch unterwegs gewesen, da und dort ein gespräch, erzählen sie – lassen sie hören von diesem leben hier, was gibt es alles, wäre noch gerne in ein museum gegangen, dies und das, auch der kultur mehr nachgegangen.- bon, liess sich nicht einrichten.

- aber ich gehe schon ein bisschen mit einer art wissenslücke von hier – meine güte, ich war vier wochen hier, das ist lange genug um doch auch zu merken, hier spielte ein längerer alltag eine zentrale rolle und ich bin nicht eine, die sich seelenruhig hinsetzt und darauf wartet dass es abend wird --- trotzdem, so wie ich hier war – wie es war – auch recht.- ich tat weniges an organisatorischer arbeit – das war nötig und gut so.- ich war einfach hier und liess sein und lassen in allen fünfen gerade stehen. – lob mich, so was hat bei mir seltenheitswert.

- gute nacht.

Wir sind beide wieder von der Insel fort.

Aber vieles von ihrer Wirksamkeit wird erst durch Entfernung spürbar.

Natürlich vermißt man den tief liegenden Horizont ebenso wie das Meeresrauschen; und auch der Speisezettel weist nicht mehr so viel Früchte des Meeres auf.

Fast ein wenig erschrocken – schon Tage zu Haus – stellt Madeleine auf einer Karte die Frage: „ War ich wirklich auf Sylt ? „

Wer aber so fragt, räumt doch der Insel einen besonderen Status ein.

Die hier endenden Tagebuch Notizen beweisen es.

Mai 05

## MADELEINE   WEISHAUPT

1970 geboren und aufgewachsen in zofingen / ch

schweizerin, seit august 1995 in nürnberg wohnhaft

schriftstellerin, mit den schwerpunkten prosa und lyrik – der wirkung von wort

und sprache im geschriebenen wie gesprochenen ausdruck, auch in der

zusammenarbeit mit anderen kunstschaffenden ( literatur / musik / bildende

kunst ). –

die gestaltung von bildcollagen ist ein weiterer schwerpunkt der künstlerischen

arbeit,

zur zeit der arbeit an diesem buch vorsitzende des schriftstellerverbandes VS in

ver.di der regionalgruppe nürnberg,

mitglied im bundesverband junger autorinnen und autoren e.V.

und femscript / netzwerk schreibender frauen schweiz.


## GÜNTER   BAUM

1936 in Görlitz als Erich Walter Günter Bergs geboren. Theater, Puppenbühne,

Filmvorführer. 1959 Flucht in die BRD. Viele Tätigkeiten. Schulen und Diplom

in England. Drei Kinder, geschieden.

Erste Erzählungen unter Pseudonym Waltraud Günter.

Inzwischen viele Erzählungen und Novellen. Ein Titel ins Englische übersetzt.

Mitglied im VS in ver.di und der Freudenthal Gesellschaft.

Der Autorengruppe Sonderzeit zugehörig.